「主体的に学習に取り組む態度」を育てる社会科授業づくりと評価

兵庫教育大学名誉教授
米田　豊 編著

明治図書

はじめに

　授業における評価は，次の二つの機能をもっていると考えている。

　(1)評価の視点を定めて学習活動を分析し，子どものその後の学習への指針
　　を示す機能をもつ。

　(2)教員の指導の在り方の反映が子どもの姿であるととらえ，目標達成のた
　　めの手立ての有効性を検証するための鑑としての機能をもつ。

　(1)は，評定するだけが評価ではないことを示している。子どもに評定の烙
印を押すために評価を行うのではない。評価対象から具体的に導き出された
評価内容を子どもに示し，その後の学習への指針を示すことが大切である。
そのためには，評価規準の研究が大きな課題となる。

　ワークシートやノート，定期テストで，期待する成果が得られないときは，
自身の授業を振り返る必要がある。成果が得られないことは，子どもの責任
ではない。(2)は，授業仮説の有効性を振り返る鑑となる評価の機能である。
授業仮説の有効性の検討を，事後検討会の討議の柱にすることが大切である。

　本書のテーマである「主体的に学習に取り組む態度」の評価は，定量的に
測ることになじまないとされ，教員の主観に委ねられてきた。態度の評価の
誤認識である。「関心・意欲・態度」の評価研究の重要性は分かっていても，
この分野の研究は進んでいない。また，学校教育現場の教員も，自身の実践
と評価に疑問をもちつつも，明確な評価規準を作成することができず，根拠
の乏しい評価を繰り返してきたことが現実である。

　本書は，西宮市社会科教育研究会と10年をこえる研究をともにしてきた成
果の一部である。ここ2年間は，「主体的に学習に取り組む態度」の評価に
ついて，筆者の理論を中核にすえ，授業実践をとおしてその有効性を検証す
る授業研究会を繰り返してきた。実践編はすべて授業研究会の討議を通過し
たものである。また，ゼミ修了生からも実践をへた事例を論じていただいた。

　本書が，「主体的に学習に取り組む態度」の評価に，一石を投じることが
できれば幸いである。忌憚のないご意見をいただきたい。

　　　　　　　　　　　　　　　　　　　　　　　　　　　米田　豊

.... Contents

はじめに

2 「主体的に学習に取り組む態度」を育てる 社会科授業＆評価プラン

「主体的に学習に取り組む態度」を育てる 社会科授業の理論

第1章

# 1 問題の所在と本書の構成

　1979年，名古屋市の小学校教員として赴任した。8月，名古屋市教育館（当時）を会場にした今でいう初任者研修会で，東井義雄の講演を聴いた。他の研修内容は脳髄に残っていないのに，40年以上たった今でも，東井の講演だけは鮮明に記憶している。

　東井学級の子どもは，毎朝「おかちゃん，きょうも社会の時間に，東井先生いわしてくるで」と，家を出たという。「おかあさん，きょうも社会の時間に，東井先生を困らせてくるよ」となろうか。先の但馬弁には迫力がある。「いわしてくる」とはぶっそうである。それだけ，東井の社会科の授業に前のめりになっている子どもの姿が浮かぶ。東井学級の子どもは，社会科の授業を楽しみにしている。夢中である。東井は漫談をして子どもを楽しくしているわけではない。社会科の本質を射貫いた授業を展開しているからこそ楽しいのである。

　子どもが「社会科授業が楽しい」と考えるのは，「主体的に学習に取り組む態度」の現れである。「主体的に学習に取り組む態度」は，認識内容（知識，理解）とともに，教員が育てなければならない。なぜなら，認識内容（知識，理解）を伴わない楽しさは，社会科授業としての成立要件を満たしていないからである。このことは，趣向を凝らしたゲームを組み込んだ場合も同様である。また，「主体的に学習に取り組む態度」の評価は，教員の指導の在り方の評価としてとらえてこそ，意味をもつものとなる。社会科授業における楽しさは，もともと子どもの中にあるものではない。教員が社会科の授業をとおして育てるものである[1]。

　筆者は，1989（平成元）年4月に奈良県からの派遣で，岩田一彦の門を叩いた。従前の「関心・意欲・態度」の評価項目は，1989（平成元）年版学習指導要領を受けて1991（平成3）年に示された「観点別評価」の冒頭に位置付けられた。ゼミ生全員が，この変更に大きな衝撃を受けた。

「関心・意欲・態度」が評価項目の冒頭にきたことについて，岩田は次のように述べている。

> このような改訂の背景には，21世紀の社会を見通したとき，その中核になる学力観が変わってきていることがある。急速に変化する社会のなかでは，これまでのような知識・理解中心ではなく，自ら学んでいこうとする学力が重要である。これまでの社会科教育研究の成果は，知識・理解の側面が中心であり，関心・意欲・態度といった学力に正面から取り組んだ研究はきわめて少ない。これは，関心・意欲・態度の学力の評価は方向目標で行うものであって，到達目標として行うことは困難であるという考え方に原因があったからである。すなわち，小単元や1時間レベルで関心・意欲・態度の到達度を評価することは困難であると考えられてきた。このため，単元の学習内容と直接的に結びつく形で関心・意欲・態度の研究は行われてこなかった。[(2), p.161]

そして，「関心・意欲・態度」は認識内容とともに育てることについて，次のように述べている。

> 関心・意欲・態度に重点を置く社会科が科学性を失ってしまうことがあっては問題である。基本的立場は，関心・意欲・態度の形成も，科学的認識内容とつながっていてはじめて可能であるという考え方をとっている。すなわち，関心・意欲・態度は，認識内容との関係で育てていくものであるとの考えである。豊かな認識内容に裏付けられた関心および意欲でない場合には，持続性の乏しい関心・意欲になってしまうおそれがある。[(2), p.161]

この指導は筆者の脳髄にしまわれた。しかし，その重要性を理解しながら，社会科授業を大きく転換することはできなかった。

第1章では，このような反省のもとに，次の3点を大切にして，「主体的に学習に取り組む態度」を育てる社会科授業づくりと評価の理論を提案する。

(1) 子どもが「社会科授業が楽しい」と考えるのは，「主体的に学習に取り組む態度」の現れである。

(2) 「主体的に学習に取り組む態度」は，子どもがもともともっているものではなく，教員が育てるものである。

(3) 「主体的に学習に取り組む態度」は，認識内容（知識，理解）とともに育てるものである。

第2章では，第1章の評価理論をもとにした授業事例を提案する。授業実践者は，筆者と10年以上授業づくりをともにしてきた西宮市小学校社会科教育研究会のメンバーと，兵庫教育大学大学院の小生のゼミ修了生である。

　実践編の執筆者は，常に自らの課題や研究会の研究テーマに即して授業実践を行い，それを記録に残し，その研究成果を学術論文として世に問うてきた方々である。紹介されている授業事例は，授業モデルではなく，すべて実践の篩にかかった，子どもを中核においた授業実践事例である。

2 「関心・意欲・態度」から「主体的に学習に取り組む態度」へ

1 「関心・意欲・態度」導入の衝撃

　1989（平成元）年版学習指導要領に基づいた1991（平成3）年の指導要録の評価の観点「関心・意欲・態度」が，「知識・理解」と入れ替わり，冒頭に躍り出た。このことの衝撃は大きかった。

　授業を考える教育心理学者の会は，『いじめられた知識からのメッセージ』を出版して「知識・理解」の軽視へ警鐘を鳴らした[3]。この本のサブタイトルは，「ホントは知識が『興味・関心・意欲』を生み出す」である。この主張は，知識と「関心・意欲・態度」との関係を大切にし，「関心・意欲・態度」が単体で育たないことを示している。このことは，「関心・意欲・態度」（「主体的に学習に取り組む態度」）は，認識内容とともに育てるという筆者の主張と同様のものである。

　しかし，学校教育現場における「関心・意欲・態度」の評価研究は，およそ30年間進んでいない。このとき筆者の在籍した奈良県橿原市立畝傍中学校では，評価の観点の大きな変化について，保護者に説明責任を果たそうと数回の研修会がもたれた。研究の重要性への指摘はあるものの，これといった評価方法を考えることはできなかった。例えば，授業開始時に教科係による忘れ物調べを集計して，「関心・意欲・態度」の評価をする教員が現れた。筆者は，それは評価ではない，評価は教員の営みが評価されると主張した。一案として，単元の終わりに子どもがもつ「新たな問い」のレベルで評価することを示した。このことは，本書の主張でもある。代案のある批判ではなかった。その後，奈良県教育委員会等の社会科担当指導主事，大学教員として社会科教育に携わりながら，このことへの十分なアプローチはできずにいた。中学校においては，内申書の評価の大切な項目であるのに，何も提案できていなかった。この評価研究の課題は，現在も続いている。

2 「関心・意欲・態度」から「主体的に学習に取り組む態度」へ

代案とされたのが,「挙手の回数やノートの取り方など,性格や行動面の傾向が一時的に表出された場面をとらえる評価」である。ある中学校のホームページには,挙手やノートに加え,「授業態度」「提出物」で「関心・意欲・態度」を評価すると記載されていた。「挙手の回数」や「授業態度」の何を評価するのであろうか。教育課程の編成権者である校長は意に介さなかった。それだけ,「関心・意欲・態度」の評価は等閑視されてきた。

今回,「関心・意欲・態度」は「主体的に学習に取り組む態度」に改められた。名称が変わっただけで,内容は従前と同じであると誤解されている。そもそも「関心・意欲・態度」の研究がなされていないのに。「内容は従前と同じである」と指導主事が話してしまうと,学校教育現場は何も変わらない。このことは,1991(平成3)年の衝撃に比べ,学校教育現場での評価の研修機会が少ないことに現れている。「主体的に学習に取り組む態度」の導入が,それぞれの学校の評価研究の大きな変化,大切な課題であるとはとらえられていない。

中央教育審議会の答申では,「主体的に学習に取り組む態度」の評価について,次のように示している。

子供たちが自ら学習の目標を持ち,進め方を見直しながら学習を進め,その過程を評価して新たな学習につなげるといった,学習に関する自己調整を行いながら,粘り強く知識・技能を獲得したり思考・判断・表現しようとしたりしているかどうかという,意思的な側面を捉えて評価すること[4]

「自己調整」「意思的な側面」と,何とも難解な言葉が出てくる。指導主事会議で聞いたこの言葉をそのまま学校教育現場の教員に繰り返しても,「自己調整」「意思的な側面」が一人歩きし,評価方法の開発には至らない。

より具体的な「主体的に学習に取り組む態度」の社会科授業づくりと評価の理論,評価方法の開発,提案が急務である。

3 国立教育政策研究所が提案する「主体的に学習に取り組む態度」の評価方法の課題

　文部科学省国立教育政策研究所教育課程研究センター（以降：国研）は，2020年3月に『「指導と評価の一体化」のための学習評価に関する参考資料』（以降：『学習評価に関する参考資料』）を発行した。

　『学習評価に関する参考資料』では，「主体的に学習に取り組む態度」の評価対象を次のように示している[5]。

---

① 　知識及び技能を獲得したり，思考力，判断力，表現力等を身に付けたりすることに向けた粘り強い取組を行おうとしている側面
② 　①の粘り強い取組を行う中で，自らの学習を調整しようとする側面

　ここには，「挙手の回数やノートの取り方など，性格や行動面の傾向が一時的に表出された場面をとらえる評価」を克服するために，「主体的に学習に取り組む態度」の評価対象が示された。これまで，「関心・意欲・態度」の評価対象は示されず，それぞれの学校教育現場の教員に委ねられていた。今回，国研から「主体的に学習に取り組む態度」の評価対象が示されたことは大きな前進である。

　しかし，「粘り強い取組」を評価対象として，どのような評価方法で子どもを見取るかは，抽象的，方向的である。また，評価対象を「自らの学習を調整しようとする側面」としていることについても同様である。

　そこで，国研が出した『学習評価に関する参考資料』の評価事例を批判的に分析，検討し，代案を示して，本書の理論を論じることにする。

　『学習評価に関する参考資料』では，小単元「火災から人々の安全を守る」における「主体的に学習に取り組む態度」の評価事例が図1のように示されている。

単元導入時に予想や学習計画を立てる場面

【態─①】単元 1「火災から人々の安全を守る」2/7

《活動の様子やノートの記述内容から》

火事のとき，消防士さんが現場で消火活動をしているのだと思います。その他にも火事から地域を守るために，誰かが何かをしているかもしれないので，今から調べていきたい。教科書で調べたり，消防署の見学をしたりして調べ，火事から地域の安全を守っている人とその働きを明らかにしたいです。

【評価方法】
活動の様子やノートの記述内容から，「火災から地域の安全を守る働きについて，予想や学習計画を立て，解決の見通しをもっているか」を評価する。

【教師の評価と指導】
○学習問題に対する予想を立てている。
○学習問題の解決に向けて，見通しをもっている。
以上のことから「おおむね満足できる」状況(B)と判断した。
＊「努力を要する」状況(C)と判断される児童に対しては，今までの学習を振り返ったり，友達の考えを参考にしたりするよう指導した。

ポイント：学習問題に対する予想を立て，解決のための見通しをもっているかを見取る。

図 1「主体的に学習に取り組む態度」の評価事例 [(5), p.59]

　ノート記述から，「学習問題に対する予想を立てている」「学習問題の解決に向けて，見通しをもっている」を(B)「おおむね満足できる」と評価している。

1 「学習問題に対する予想を立てている」について

　本時の学習問題は，「火事のときや，火事を防ぐために，だれが，どこで，どのような働きをしているのか」である。はたして「火事のとき，消防士さんが現場で消火活動をしているのだと思います」は，予想として妥当だと言えるだろうか。学習問題を予想に言い換えたトートロジーである。また，火事のときの対応について予想されているものの，火事を防ぐための対応については，何も予想されていない。これでは「主体的に学習に取り組む態度」を育てることはできない。また，育った子どもを評価することもできない。

なぜ，このようになるのであろうか。予想を立てさせるとき，どのように
すれば，子どもは前のめりになるのであろうか。主体的に取り組むようにな
るのであろうか。それは，予想を立てさせるときの授業者の助言に課題があ
ると考えられる。子どもの生活経験やこれまでの学習で習得した知識を想起
させることである。例えば，近所で火事があったとき，テレビで火事の報道
を見たことなどを想起できれば，子どもの生活経験から予想を立てることが
でき，これからの学習に前のめりになる。主体的になる。子どもの生活経験
や既習知識を想起させる授業者の助言が，「主体的に学習に取り組む態度」
を育てるポイントの一つである。つまり，「子どもの生活経験や既習知識を
想起して予想を立てているか」が，「主体的に学習に取り組む態度」の評価
規準の一つとなる。そのためには，予想を立てた根拠をワークシートやノー
トに書かせることが大切である。

　ここに，「主体的に学習に取り組む態度」は，「子どもがもともともってい
るものではなく，教員が育てるものである」という理論が成り立つ。ここで
は教員の「子どもの生活経験や既習知識を想起」させる助言が「主体的に学
習に取り組む態度」を育てることになる。また，既習知識の想起は，「『主体
的に学習に取り組む態度』は，認識内容（知識，理解）とともに育てる」と
いう理論ともなっている。これらのことについては，第4節（p.17）で詳し
く論じる。

2 「学習問題の解決に向けて，見通しをもっている」について

　ノートに「教科書で調べたり，消防署の見学をしたりして調べ，火事から
地域の安全を守っている人とその働きを明らかにしたいです」と書いている。
この記述から，子どもは主体的に学習に取り組んでいるように見える。しか
し，このレベルの記述は，一定の学習経験を積めば，大多数の子どもは書け
るようになる。こう書いたら，「主体的に学習に取り組む態度」(B)となるの
であろうか。子どもが切実感をもって前のめりになっているのであろうか。

　これらの分析，検討をとおして，とりあえず予想と見通しさえ書けていれ

ば(B)とするのは，妥当性の高い評価とは言えないことが分かる。予想や見通しにどの程度の内容を求めるのか，明確な「規準」が必要となる。

　なぜ，このような課題が出るのであろうか。それは，問いと予想に論理整合性がないからである。本時の学習問題は，「火事のときや，火事を防ぐために，だれが，どこで，どのような働きをしているのか」である。「だれが，どこで，どのような働き」を問うている。「火事のとき，消防士さんが現場で消火活動をしているのだと思います」という予想は，問うていることと整合していない。

　また，図1には，(A)と評価される要件が示されていない。「主体的に学習に取り組む態度」を評価するためには，評価規準が不可欠となる。評価規準には方向的（方向目標としての記述）ではない，具体的な記述が求められる。国研の提案する「主体的に学習に取り組む態度」の評価には，明確な評価規準が示されていないことが大きな課題である。

　次節では，このような課題を克服するための理論について論じる。

4 「主体的に学習に取り組む態度」の評価理論

　小学校社会科授業では，あらゆる学習活動において子どもの主体性が表出される。そのため，「主体的に学習に取り組む態度」の評価場面は多岐にわたる。そこで，今回の研究では，「主体的に学習に取り組む態度」の評価場面（子どもの姿）を焦点化して示すことにする。

　焦点化する「主体的に学習に取り組む態度」の評価場面（子どもの姿）は，次の三つである。それぞれの評価場面（子どもの姿）は，西宮市社会科教育研究会とともに，実践的に研究してきたものである。

> (1)　既習知識を活用し，学習課題への仮説を立てる場面
> (2)　対話により習得した内容をもとに，学習課題への仮説を立てる場面
> (3)　学習課題解決後に，「新たな問い」を立てる場面

　なお，既習知識の活用や対話により獲得した内容をもとに，検証過程においても「主体的に学習に取り組む態度」を評価することが可能である。その理論の内容と実践は，(1)(2)に共通する。このことの詳細は，別の機会に論じることにする。

1 「既習知識の活用」に着目した社会科授業

　国研が指摘しているように，予想を立てる段階において「主体的に学習に取り組む態度」を評価対象とすることは大切である。しかし，その課題は先に論じたとおりである。

　学習課題に対して予想を立てるという学習活動は，「主体的に学習に取り組む態度」を育成し，子どもを評価する絶好の機会となる。岩田一彦は，学習課題に予想を立てることについて，次のように述べている。

> 　学習問題が成立したならば，次にはその問題を解いていく過程が展開される。その第一歩は，予想を大量に出させる場を作ることである。この予想の創出の段階では，子どもは直観的思考を働かせ，自由な発想を展開する。この段階では，子どもの思考の流れを止めないで，創造的雰囲気を持たせたい。[(6), p.60]

　直観的思考を働かせ，自由な発想を展開する場面は，子どもの主体性が顕著に表出する。したがって，「主体的に学習に取り組む態度」の育成や評価に適した学習活動と言える。

　しかし，「当て推量[(6), p.75]」の考えだけでは，妥当性の低い予想の出し合いとなり，子どもの思考や認識内容は深化しない。**「主体的に学習に取り組む態度」は，子どもの思考や認識内容とともに育てることが重要である。**つまり，当て推量の予想のみでは，子どもが主体的に学習に取り組んでいるかを評価することはできない。**主体的に学習に取り組んでいると評価できるのは，予想を「仮説」へと高めている姿である。**

　ここで，本研究における予想と仮説の違いを次のように定義しておく。

予想：学習課題の解を当て推量で示すこと。

仮説：学習課題の解を既習知識や対話により獲得した内容を活用し，
　　　それらを根拠として示すこと。

　予想を仮説に高める類型には，岩田一彦の理論がある。このことは第2章第1節の2（p.48）で，植田真夕子が論じている。参照されたい[(7)]。

　なお，「対話により獲得した内容」については，次項で論じる。

　学習課題の解を「当て推量」で示すより，既習知識から類推して示すほうが妥当性は高くなる。また，**以前学習した知識を活用して学習課題を解決しようとする姿は，「主体的に学習に取り組む態度」として顕著に表れている**ことになる。

　ここまで論じてきたことをもとに，「主体的に学習に取り組む態度」の評価規準（既習知識の活用）を設定すると，表1のようになる。

表1 「主体的に学習に取り組む態度」の評価規準（既習知識の活用）

評価	評価規準の具体
A	前時までに習得した知識を活用して，複数の仮説を立てることができる。
B	前時までに習得した知識を活用して，仮説を立てることができる。
C	当て推量の予想しか立てることができない。または，予想も立てることができない。

　次に，表1の規準を用いて具体的な評価事例を表2に示す。学習課題は，「なぜ，コンビニの店舗数は増え続けているのか」である。

表2 予想（仮説）の例と評価結果

評価	予想（仮説）の内容
A	・宅配やチケットの予約といったスーパーマーケットにないサービスがあり，お客さんがたくさん来ている。【既習知識の活用①】 ・24時間開いているから便利で，多くの人が利用する。【既習知識の活用②】
B	・宅配やチケットの予約といったスーパーマーケットにないサービスがあり，お客さんがたくさん来ている。【既習知識の活用①】
C	・お店を作るのに，そんなに費用がかからない。【当て推量】

　前時までに「コンビニには，宅配やチケットの予約といったスーパーマーケットにはないサービスがある」「24時間開いている」という知識は習得している。

　教員から何の指導もなく，予想を仮説に高めることはできない。日頃から授業をとおして，既習知識を活用して予想を立てる過程をたどらせながら習得させたり，仮説に高められた子どもを価値付けたりすることが重要となる。

　このように既習知識を活用して予想を仮説に高めれば，一人ひとりの子どもが立てた予想が仮説として位置付き，仮説を検証する探究過程においても「主体的に学習に取り組む態度」が継続することになる。**「主体的に学習に取り組む態度」は認識内容とともに育てることの一つの場面**である。

2 「対話」に着目した社会科授業

　「対話」についての先行研究の中で，最もその意味内容が分かりやすいのが平田オリザの論である。平田は，対話と会話を明確に峻別し，それぞれ次

のように定義している。

> 「会話」＝価値観や生活習慣なども近い親しい者同士のおしゃべり。
> 「対話」＝あまり親しくない人同士の価値観や情報の交換。あるいは親しい人同士でも，
> 　　　　　価値観が異なるときに起こるその摺り合わせなど。[(8), pp.95-96]

　会話は，親しいもの同士のおしゃべりで，必ずしも考えの変化は求められていない。

　一方，対話では，自分と他者の考えが比較され，共通点や相違点が検討される。その結果，対話以前の状態から必ず考えが変化したり，自身の考えが確信へと高められたりする。つまり，対話は相手が親しいか否かにかかわらず，自分と他者の「考えの更新」「考えの深化」が前提となる。

　河野哲也も，対話とただの会話を峻別し，次のように述べている。

> 　対話は，ただの会話とは違います。対話とは驚きから始まり，探求と思考によって進む会話のことです。[(9), p.23]

　対話では，他者の考えに対して「自分との共通点や相違点は何か」「なぜ，そのように考えたのか」といった問いが次々に生まれる。そして，その問いに答えるために，比較，関係付け，関連付け，概念化（一般化）と様々な思考活動が行われる。その結果，自他共に考えが更新，深化される。「考えの更新」「考えの深化」については，主として図2に示す3点に類型化することができる。

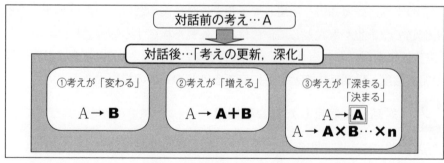

図2　「考えの更新，深化」の類型

③の「考えが『深まる』」「考えが『決まる』」とは，相手の考えを受け取ることで，自分の考えに確信がもてる深化した状態を表している。つまり，対話とは，他者との意見のやり取りをとおして，自分の考えを更新，深化（考えが「変わる」「増える」「深まる」「決まる」）する活動ととらえることができる。

　ここまで，広く一般的に行われる対話について論じてきた。ここからは，「授業における対話」に焦点化して論じる。授業における対話の形態は，ペアや小グループだけではない。クラス全体で意見をすり合わせ，対話を行うことも可能である。

　さらに，対話とは，教師や友達といった「他者との対話」だけを意味するものではない。友達の発言内容や資料からの情報を自分の中で解釈し，考えを更新，深化させる「自己内対話」も含まれる。

　本研究における「授業での対話」を次のように定義しておく。

> 　授業での対話とは，自己や他者とのやり取りをとおして，自分の考えを更新，深化（考えが「変わる」「増える」「深まる」「決まる」）する活動である。

　自己や他者が対話し，学習課題を解決しようとする姿は，「主体的に学習に取り組む態度」が顕著に表れていると言える。

　また，対話を授業に組み込むことで，予想を仮説へと高めることができる。なぜなら，対話においてやり取りされる考えには，必ず既習知識の活用が含まれるからである。つまり，対話によって獲得した内容を活用することも，既習知識の活用と同じように，予想を仮説へと高める有効な手段となる。ここに，子どもが「主体的に学習に取り組む態度」を表出する場面がある。また，**「主体的に学習に取り組む態度」を認識内容とともに育てる場面の一つ**でもある。

　以上，論じてきたことをもとに，「主体的に学習に取り組む態度」の評価規準（対話）を設定すると，表3のようになる。なお，対話の成果を見取る場合，評価対象は予想（仮説）の内容だけではなく，その考えをもつに至っ

たプロセスを評価する必要がある。そこで，子どもには，対話前と対話後の予想（仮説）を記述させるとともに，友達のどのような発言が自分に影響を与えたのかを明記させることが不可欠となる。そこで，「振り返り」の項目を設定する。この振り返りを評価対象とすることで，主体的に対話に取り組んでいたかを的確に評価することができる。

表3 「主体的に学習に取り組む態度」の評価規準（対話）

評価	評価規準の具体
A	対話の中で，自分の考えが「変わる」（または「増える」「深まる」「決まる」）きっかけとなった発言を**複数**示している。また，それらの発言を受け，自分の考えがどうなったのかを記述している。
B	対話の中で，自分の考えが「変わる」（または「増える」「深まる」「決まる」）きっかけとなった友達の発言を示している。また，その発言を受け，自分の考えがどうなったのかを記述している。
C	A，Bの規準を満たす内容を記述していない。

　授業での対話とは，自己や他者とのやり取りをとおして，自分の考えを更新，深化（考えが「変わる」「増える」「深まる」「決まる」）する活動である。
　表3の評価規準を用いて，具体的な評価事例を表4に示す。学習課題は，「なぜ，源頼朝は，およそ2か月間にもかかわらず，兵力を300人から20万人まで増やすことができたのだろう」という複文型のなぜ疑問である。

表4　振り返りの記述例と評価結果

評価	振り返りの内容
A	Dさんの「うわさ」というところに納得して，前の予想だと「たまたま」とか中途半端だったけど，うわさが流れると頼朝がいる場所もだいたい予測できる。Eさんは，関東は武士が集まりやすいと言っていて，たしかに東北地方や中部地方からも集まりやすいと思ったから追加した。
B	Fさんの意見により自分の予想に確信がもてて，なぜなら平氏が政治の大事なところを独占して，これを良くないと思う人々は絶対出てくるし，平氏に反感をもつ人が出て，源氏についたと思いました。
C	自分の予想は，話し合いをしても特に変わらなかった。

　対話を成立させるには，学習内容や授業展開を工夫するとともに，子ども

に対話の経験を数多く積ませておくことも重要となる。また，社会科に限らず他教科においても対話型の授業を積極的に仕組み，対話の技術的な側面を高めたり，安心して発言できる学習環境を整えたりすることも大切である。

3 「新たな問い」の発見に着目した社会科授業

▶1 「新たな問い」の発見

大島泰文は，鳥取県からの派遣で，兵庫教育大学大学院教育実践高度化専攻授業実践開発コース（教職大学院）の筆者のゼミに２年間学んだ。研究テーマは，一貫して「主体的に学習に取り組む態度」の評価研究であった。その研究成果の一部が，日本社会科教育学会の『社会科教育研究』№139に学術論文として掲載されている。

そこでは，岩田一彦，筆者の理論に学び，「新たな問い」を対象として，「主体的に学習に取り組む態度」を評価する方法を提案している[10]。

西宮市社会科教育研究会では，大島の論にも学びながら，研究，実践を進めてきた。

「問い」については，ジャーナリストの名古谷隆彦や社会学者の苅谷剛彦，社会科教育学の大先達上田薫に依拠し，研究を進めた。

名古谷隆彦は，「問い」について，次のように述べている。

> 問いを質問の形にして相手に差し出すのは，すこぶる主体的な行為です。（略）「相手のことを知りたい」「何としても聞き出したい」という気持ちが湧いてこなければ，質問は一度きりで終わってしまいます。[11, p.v]

大島は，名古谷の論をもとに，「主体的に学習に取り組む態度」の評価対象について，次のように述べている。

> 問いを質問の形にして相手に差し出すことは，「『相手のことを知りたい』『何としても聞き出したい』」という気持ちが湧いている兆候であると捉えることができる。社会科の授業における「相手」とは，学習対象である社会事象にあたる。したがって，生徒が「問い」を立てることができるということは，学習対象である社会事象について「知りたい」という気持ちが湧いている兆候である。[10, p.3]

つまり，「問いを立てることができる→学習対象の社会事象に関心がある」という関係が成り立つという主張である。したがって，子どもの立てた「問い」は，「主体的に学習に取り組む態度」の大変有効な評価対象となる。また，問いを立てるという行為そのものが，「主体的に学習に取り組む態度」を育成していることになる。

　苅谷剛彦は，疑問と問いの違いについて，次のように述べている。

> 　疑問と問いとの決定的な違いは，疑問が感じるだけで終わる場合が多いのに対して，問いの場合には，自分でその答えを探し出そうという行動につながっていくという点にあります。(注2), p.179)

　疑問は，「何か変だな」「不思議だな」という違和感であり，自然に浮かんでは消えていく感覚的なものである。しかし，問いは自らの意志で立てられる。つまり，疑問のまま放置される内容は，子どもにとって解決する必要がなく，関心のレベルも低いものとなる。自らの意志で問いを立てるためには，社会事象に対して抱いた違和感を明文化する作業が必要となる。問いとして明文化されるものは，子どもが解決しようという意欲をもっており，関心のレベルも高いと判断できる。そのため，立てられた問いは，「自分でその答えを探し出そうという行動につながっていく」。

　上田薫は，子どもの問い（わからないこと）の重要性について，次のように述べている。

> 　「わかる」から「わかる」へ進むとする考えかたと，「わからない」から「わからない」へと発展するとする考えかたは，一は静，一は動として根本的に対立する。矛盾から矛盾へ，わからないことからわからないことへ，ということこそ，真の理解の発展のありかたである。つねに疑問を残しているということこそ正しいのに，またその疑問によってとらえてこそ，子どもの真の体制がわかるのに，わざわざゆがんだ割りつけを強行し，子どもの実態を逸することは，まことにおそるべき錯覚というべきである。(注3), p.79)

　「わからないことからわからないことへ」ということが，「真の理解の発展のありかた」であるという主張である。前者の「わからないこと」は，学習課題にあたる。後者の「わからないこと」は，学習課題解決後の「新たな問

い」にあたる。「新たな問い」を発見することは，「主体的に学習に取り組む態度」を育成するとともに，真の理解へと発展する契機となる。

　子どもは学習内容について関心（主体性）が低ければ，学習課題解決後に「新たな問い」を立て，さらなる探究をしようとはしない。したがって，この「新たな問い」を評価対象とすることは，「主体的に学習に取り組む態度」を評価する理論として有効である。つまり，単元や本時の終末に「新たな問い」を生むことができる。学習課題解決後に「新たな問い」が発見できるように，「振り返り場面」を設定することが，「主体的に学習に取り組む態度」を育てるポイントとなる。

　その際，単元を貫く問いや本時の問いと，「新たな問い」との論理整合性が重要となる。このことについては，次に論じる。

▶2　「新たな問い」が生まれるまで―探究Ⅰの授業構成理論―

　子どもは，教員が用意した単元を貫く学習課題に対して複数の予想を立て，それらを仮説に高める。そして，教員と子どもによって，複数の仮説が順番に検証されるように配置し，指導計画が立てられる。

　単元の導入で見出された仮説が検証段階において一つひとつ確証を得たり，反証されたりすることをとおして，子どもは新たな知識を習得する。その過程において，一つの仮説を検証するためにさらに問いや予想を立てることで，各時間で思考場面が設定され，社会事象の意味，意義をより広く，深く考えられるようになる。したがって，単元の終末をむかえる子どもの状態は，これまでの数々の仮説の検証，反証によって，「知識」の習得が積み重ねられていることになる。これまで論じたことを整理すると，図3のようになる。

　例えば，農業の単元において，「なぜ，わたしたちは，米を主食として食べることができているのだろう」と，単元を貫く学習課題が設定されたとする。はじめに，この学習課題に対して，子どもが次のように予想を仮説A，仮説B，仮説Cに高めたとする。

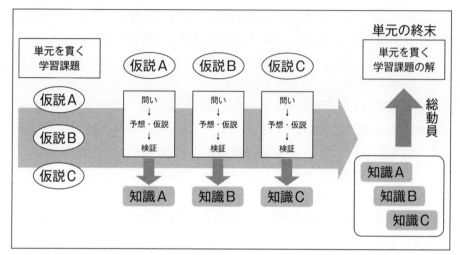

図3　単元の終末に単元を貫く学習課題に答えるイメージ（探究Ⅰ[14]の授業構成理論）

仮説A「日本は米作りに適した環境があるからではないか」
仮説B「農家の人が工夫を重ねて米作りをしているからではないか」
仮説C「米自体にも工夫がされているのではないか」

　次に，仮説Aの検証に向かうために，本時の学習課題A「世界では気温の
あたたかい地域で米作りがさかんなのに，なぜ，日本の寒い地域で米作りが
さかんなのだろう」と，下位の複文型のなぜ疑問が設定され，問いの解決へ
向かう。

　問いに対して予想を立て，仮説に高める段階が思考場面となり，仮説を資
料で検証したり，反証したりして確証を得ることで，新たな知識が習得され
る。このようにして，仮説B，仮説Cも検証することで，米作りに適した環
境や米作りの工夫についての具体的な知識（知識A，知識B，知識C）を習
得する。そして，これらの知識は毎時間のノートに蓄積されていく。

　単元の終末では，単元を貫く学習課題に対しての答えを記述する場面を設
定する。子どもは，これまでに習得してきた知識を総動員して，単元を貫く
学習課題の解を記述することになる。そのためには，これまでの学習でどの

ような知識を習得できたのかを振り返ることが必要となる。

　一般に，単元の終末には「学習の振り返りをしましょう」という学習活動が取り入れられることが多い。しかし，このような方向的な投げかけでは，子どもはこれまでの単元の学習で起こったことすべてを振り返りの対象としてしまう。そうすることで，「○○が分かってよかった」「予想を立てて考えたことが楽しかった」などと，学習の中で心に残った場面が切り取られた情意的な記述となる。また，子どもが切り取った場面は多岐に及ぶ。このような振り返りによって評価規準を作成することはできない。

　一方，単元の終末に単元を貫く学習課題に対して答える場面を設定することで，これまでの仮説を立て，それぞれの検証過程によって習得した知識とは何だったのかを限定的に振り返ることができる。

　子どもが，単元を貫く学習課題の解を記述し終えた段階で，大島の論を援用し，「振り返り発問」を行う[10]。「単元の学習をとおして，新たにどのような問いが生まれたか」と発問をすることで，単元の学習を終えた段階で新たに分からないことを問いの形で記述させることができる。また，「なぜ，そのような問いを立てたのか」と理由を記述させることによって，単元で学習した内容とどのように関わっているのかを見取ることができる。

▶3　振り返り発問から生まれる「新たな問い」の評価規準

　子どもが主体的に学習に取り組めたかどうかを評価するためには，評価規準が必要である。ここでは，大島の論に基づき，筆者の探究Ⅱ[14]における「①新たな社会事象への応用」「②深まった問いの発見，探究」「③価値分析・未来予測」の三つの学習過程に当てはまる問いかどうかを評価規準とする。

　大島が提案した評価規準は，表5のとおりである。これに基づいた授業実践事例は，本書第2章第3節の1（p.118）の大島論文に詳しい。

表5　「主体的に学習に取り組む態度」の評価規準

評価	評価規準の具体
A	「新たな問い」が，「①新たな社会事象への応用」「②深まった問いの発見，探究」「③価値分析・未来予測」に当てはまっており，単元の学習で習得した知識をもとに問いの理由付けができている。
B	「新たな問い」が，「①新たな社会事象への応用」「②深まった問いの発見，探究」「③価値分析・未来予測」に当てはまっている。
C	A，Bの規準を満たしていない。

　「新たな問い」が「①新たな社会事象への応用」「②深まった問いの発見，探究」「③価値分析・未来予測」に当てはまっており，単元の学習で習得した知識をもとに問いの理由付けができていた場合をA評価とする。これは，問いを立てた理由がこれまでに習得してきた知識との関連を示すからである。「ただの思いつき」で立てた問いではなく，理由付けによって，これまでの学習をふまえた問いであることを明らかにすることができる。

　表6は，西宮市社会科研究会で実践した，第5学年「水産業のさかんな地域」における具体的な評価事例である。

　表6の「①新たな社会事象への応用」では，他の産業についての問いが立てられている。理由として，単元で学習した水産物の輸送のしくみが挙げられているので，A評価である。「②深まった問いの発見，探究」では，養殖業における赤潮の被害について知ったことを理由として，赤潮に対する対策

表6　「主体的に学習に取り組む態度」A評価の記述例

①新たな社会事象への応用	畜産業では，スーパーにお肉を運ぶためにどのようなしくみがあるのだろうか。 【理由】水産業では，漁港から各地へ運ぶしくみがあったので，他の産業でもあるのか不思議に思ったから。
②深まった問いの発見，探究	赤潮の被害に対して，養殖業で働く人たちは，どのような対策をしているのだろうか。 【理由】養殖業では，赤潮の被害が恐ろしいものだったから。
③価値分析・未来予測	このまま水産業で働く人たちが減ってしまったら，わたしたちの食生活はどのようになるのだろうか。 【理由】水産業で働く人が減っていることを知ったから。

について問いを立てているので，A評価とする。「③価値分析・未来予測」では，水産業の就労人口の減少について知ったことを理由として，「このままだったらわたしたちは水産物が食べられなくなるのではないか」という未来予測をして問いが立てられているのでA評価とする。

▶4 学習課題解決後における「新たな問い」の発見

ここでは，③を受けて西宮市社会科教育研究会における「新たな問い」の発見の授業実践事例をもとに論じる。

次時以降の探究へとつながる精度の高い問い（論理整合性のある問い）を立てるには，「習得した説明的知識」と「説明的知識の習得が契機となり呼び出された知識」との比較が最も重要となる。「呼び出される」とは，習得したことを活用することである。習得された知識の「引き出し」から「新たな問い」の発見のため最も有効なものを選択，判断して，活用することである。西宮市社会科教育研究会では，これを「呼び出される」としてきた[14]。

「新たな問い」が生まれるプロセスを，第4学年「農業のさかんな兵庫県南あわじ市」を事例として示すと，図4になる。

授業の導入段階で，「兵庫県南あわじ市ではたまねぎを作る農家が多くある」という情報を資料で提示しておく。この手立てにより，レタス作りの方がもうかるから農家数が増えてきたことが分かる。しかし，南あわじ市には

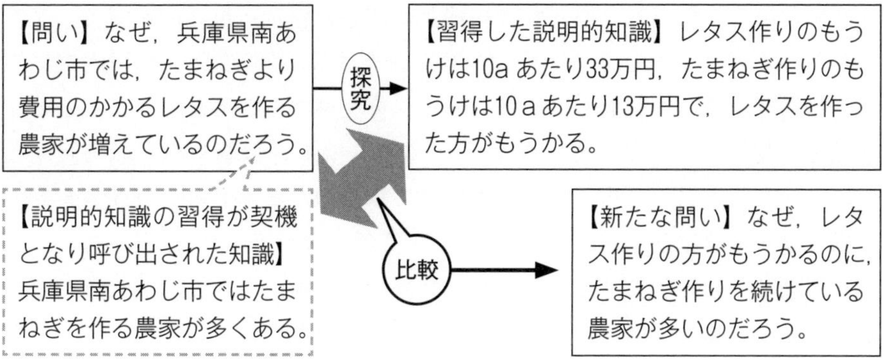

【問い】なぜ，兵庫県南あわじ市では，たまねぎより費用のかかるレタスを作る農家が増えているのだろう。

探究

【習得した説明的知識】レタス作りのもうけは10aあたり33万円，たまねぎ作りのもうけは10aあたり13万円で，レタスを作った方がもうかる。

【説明的知識の習得が契機となり呼び出された知識】兵庫県南あわじ市ではたまねぎを作る農家が多くある。

比較

【新たな問い】なぜ，レタス作りの方がもうかるのに，たまねぎ作りを続けている農家が多いのだろう。

図4　「新たな問い」が生まれるプロセス

現在もたまねぎを作る農家が多い。この矛盾する二つの知識から「なぜ……」と「新たな問い」(複文型のなぜ疑問)を生み出すことが期待できる。学習課題の解決を経て「習得した説明的知識」とその「説明的知識の習得が契機となり呼び出された知識」が比較されたことで「新たな問い」が生まれていることが分かる。

まさに,「主体的に学習に取り組む態度」は認識内容とともに育てることの一場面である。

▶5 子どもが立てた「新たな問い」を評価する規準

「主体的に学習に取り組む態度」の評価規準(新たな問いの評価)を,表7のように設定する。

表7 「主体的に学習に取り組む態度」の評価規準(新たな問いの評価)

評価	評価規準の具体
A	Bに加え,「習得した説明的知識」と「説明的知識の習得が契機となり呼び出された知識」との比較が組み込まれた問いを立てている。
B	本時の目標及び単元目標の内容に関わる問いを立てている。 ＊ただし,単元目標に関わる問いの場合,単元の学習で一度習得している内容が解となる問いはC評価とする。未習得の内容が解となる問いならば,B評価とする。
C	AとB以外の問いを立てている。または,問いを立てることができない。

本時の目標及び単元目標に関わる「新たな問い」を立てることができれば,B評価となる。ただし,単元目標に関わる問いの場合,単元の学習で一度習得している内容が解となる問いは,C評価とする。例えば,「瀬戸内式気候の淡路島は,冬でも気温が高いためレタスを生産することができる」という知識を本時以前に習得していながら,「なぜ,レタスは春や秋が収穫時期なのに,兵庫県南あわじ市では冬でも収穫できるのだろう」という問いを立てた場合は,C評価となる。

A評価は,B評価に加えて「習得した説明的知識」と「説明的知識の習得が契機となり呼び出された知識」との比較が必要となる。このように,既習知識から類推(当てはめ)し,本時で習得した説明的知識と比較して「新た

な問い」を立てることは，高度な思考操作が必要である。また，「新たな問い」は，次時以降の探究へとつながる精度の高いものとなる。したがって，A評価とした。

　表7の評価規準を用いて，子どもが考えた「新たな問い」を分析，検討し，「主体的に学習に取り組む態度」を表8のように評価した。

　Aとされた三つは，「習得した説明的知識」と「説明的知識の習得が契機となり呼び出された知識」と比較され，複文型のなぜ疑問が「新たな問い」となっている。

表8　第4学年「農業のさかんな兵庫県南あわじ市」を事例とした「新たな問い」の評価結果

評価	「新たな問い」の内容
A	なぜ，レタス作りの方がもうかるのに，たまねぎ作りを続けている農家が多いのだろう。
	なぜ，同じ10aなのに，たまねぎよりレタスの方が高値で売れるのだろう。
	なぜ，同じ淡路島産の野菜なのに，たまねぎよりレタスの方が高値で売れるのだろう。
B	なぜ，たまねぎよりレタスの方が高値で売れるのだろう。
	南あわじ市のレタス農家やたまねぎ農家は，毎年どのくらいもうけているのだろう。
	南あわじ市は白菜も作っているけれど，費用はどのくらいかかるのだろう。
	レタスはすぐ腐ると思うけど，どうやって色々な場所のスーパーに運んでいるのだろう。
	前，家族で淡路島に行ったとき，直売所というところに行った。スーパーよりたまねぎが安く売られていたけどなぜだろう。
C	もし，レタスやたまねぎがなかったら，南あわじ市の農家は何を作るのだろう。
	台風で，レタスやたまねぎが全然収穫できなかったら，農家の人たちはどうなるのだろう。

　「なぜ，たまねぎよりレタスの方が高値で売れるのだろう」については，たまねぎとレタスの値段が比較されている。しかし，「習得した説明的知識」と「説明的知識の習得が契機となり呼び出された知識」と比較されていないので，B評価とした。

　最後に，このような授業実践をするときの留意点について論じる。

単元の終末に子どもが立てた「新たな問い」は，子どもにとって「問いの立てっぱなし」にならないようにする必要がある。検証する機会のない「新たな問い」を立てることは，その後の子どもの学習意欲を低下させる。**「新たな問い」を立てることは，認識内容とともに「主体的に学習に取り組む態度」を育てるための大切な手立てである。**しかし，「問いの立てっぱなし」では，「主体的に学習に取り組む態度」は育たない。

　竹内哲宏は，第2章第3節5で，探究Iと探究IIをつなぐ「振り返り発問」の理論と授業実践を示している（p.158）。そこでは，授業の終末（7時）でこれまでの学習で習得した知識をふまえて，単元を貫く問いに対する答えをクラゲチャートで整理し，よりよい水環境を考えた上で「新たな問い」を創らせている。そして，最後の8時で，これからの水環境についてどんなことを考えていけばよいだろうという新たな問いに臨ませている。

　このように，単元の終末に立てた「新たな問い」は，その後の授業内容と関連付けることが大切である。それができない場合は，個による探究をさせて，教室で発表する機会を保証することが必要となる。そうすることで，「主体的に学習に取り組む態度」が育つ。

　理論編で論じたことを整理すると，次のとおりである。

１：「主体的に学習に取り組む態度」は，教員が育てるものである。

２：「主体的に学習に取り組む態度」は，認識内容とともに育てるものである。それは，次のような場面に顕著に表れ，評価対象となる。
　①既習知識を活用して，学習課題への仮説を立てる場面
　②対話により習得した内容をもとに，学習課題への仮説を立てる場面
　③学習課題解決後に，「新たな問い」を立てる場面

5 実践編をお読みいただくために

実践編をお読みいただくにあたり、「授業仮説」と「評価規準」について論じておく。

1 授業仮説の理論と学習指導案への明示

▶1 授業仮説の理論

子どもの学びを保障するためには、「目標―指導―評価」が一体化した授業が不可欠である。このような授業を成立させるためには、学習指導案には、授業の成立を評価する指標を示す必要がある。筆者は、学習指導案に提示する指標の「基本5要素」[(15, p.113)] を次のように示している。

① 達成目標で書かれた本時の目標
② その目標達成のための授業仮説
③ 評価方法と具体的な評価規準
④ 単元における本時の位置付け
⑤ 子どもの学習活動を促す発問、指示、補説

岩田一彦は、「学習指導案は仮説の集合体である。」[(16, p.107)] と主張している。筆者は、とりわけ、**本時の目標と研究テーマを達成するための手立てを「授業仮説」**と呼んでいる。本書では、目標に明示された「主体的に学習に取り組む態度」を育成するために、授業者はどのように手を打つのかを、授業仮説に明示していただいた。これは、授業者の理論、授業者の「ウリ」「意図」と表現してもよい。

▶2 授業仮説の学習指導案への明示

学習指導案を書く意義は、次の2点である。

① 授業者が授業研究についての意図（仮説）を明示し、その有効性の検討に資する。

② 授業者の授業構想が明確化され，「授業展開のタクト」が学習者の学びのプロセス（過程）として明示される。

　授業者が設計した仮説としての学習指導案は，事後検討会の場で，授業で見られた子どもの姿と照らし合わせながら，その有効性が検証される。事後検討会で，授業者の「ウリ」「意図」を説明していては，議論の時間がなくなる。そこで，学習指導案に「授業仮説」を明示することで，参観者は，授業観察の視点をもち，授業者の手立ての有効性に焦点を絞って参観することができる。限られた時間で効果的な事後検討会を行うには，授業仮説の有効性に焦点化した議論を行うことがポイントとなる。

　授業者は，検証に耐えるような授業をデザインすることを目指すようになる。そして，事後検討会で検証された仮説を「理論としての概念装置」として習得することで，汎用性のある授業づくりを行うことができるようになる。また，反証された授業仮説は，事後検討会の場で参観者とともに授業仮説の改善案を議論することになる。

▶3　授業仮説の実際

　授業仮説は，達成目標での目標記述と同じように，具体的な記述で明示されなければならない。例えば，「資料を提示して考えさせる」や「これまでの学習をもとに気付かせる」といった記述では，何をどのように考えたらよいのか，何をもとにどのようなことに気付かせたらよいか分からない。

　このような曖昧な記述（マジックワード）では，手立ての構造が見えてこない。子どもの学びを促進する達成目標のように具体的な記述で授業仮説を明示することが大切である。本書で目指している「主体的に学習に取り組む態度」を子どもに育むための授業仮説の事例を示す。

【子どもの主体的な学びを促す手立て】

　第3・4学年の学習で習得した「第一次産業の現状」を想起させ，日本の農業就業者数の現状や農業就業者数が減少している要因を確認した後，この

34

既習知識と矛盾が生じる資料（農業生産額の推移）を提示することで，子どもにとって考えたい課題を設定することができるであろう。

　ここに示した授業仮説は，第２章第１節２の植田真夕子実践（p.48）における単元を貫く学習課題の設定場面における事例である。

　この授業仮説には，「何を」（日本の農業就業者数の減少と農業生産額の推移の資料），「どのように」（比較させて矛盾を実感させる）の部分（波下線部）が明示されている。事後検討会において，子どもが実際に矛盾を実感することができる学習活動となっていたか，検証することが可能となる。

2 評価基準と評価規準

　基準か規準かの議論は，1991（平成３）年に示された「観点別評価」が示されたときからさかんに行われた。

　指導主事のときは，「基準は秤，規準はナイフ」と説明した。これは，橋本重治の見解をかみ砕いたものである。橋本は，評価基準には状況を量的にとらえる意味合いがあり，評価規準は状況を質的な側面でとらえるという意味合いがあるとしている[17]。

　北俊夫も，このことについて，次のように述べている。

> 　評価規準は，指導目標の実現の状況を観点別にとらえるための，具体的な視点なのである。（略）単に言葉を変えただけではない。ここには，子どもの学習状況を量的にとらえる評価から質的にとらえる評価への転換が見られるのである。[18], pp.30~31

　「規準はナイフである」の所以である。

　以上論じたことから，本書では，「主体的に学習に取り組む態度」は質的なものであると考え，評価規準で統一することを原則とした。

（米田　豊）

【註・引用・参考文献】
(1)米田豊「提言　子どもが夢中になる社会科授業づくり」『社会科教育』No.747，明治図書，2021，pp.4-9
(2)岩田一彦「関心・意欲を育てる授業構成と分析」岩田一彦『小学校社会科の授業分析』東京書籍，1993，pp.160-191
(3)授業を考える教育心理学者の会『いじめられた知識からのメッセージ―ホントは知識が「興味・関心・意

欲」を生み出す─』北大路書房，1999

(4)中央教育審議会「幼稚園，小学校，中学校，高等学校及び特別支援学校の学習指導要領等の改善及び必要な方策等について（答申）」文部科学省HP，2016

【https://www.mext.go.jp/b_menu/shingi/chukyo/chukyo0/toushin/__icsFiles/afieldfile/2017/01/10/1380902_0.pdf】

最終閲覧　2021年5月4日

(5)国立教育政策研究所教育課程研究センター『「指導と評価の一体化」のための学習評価に関する参考資料【小学校　社会】』2020

(6)岩田一彦「子どもの問い・知識と単元設計」岩田一彦編著『小学校　社会科の授業設計』東京書籍，1991，pp.46-75

(7)岩田一彦の類型の他に，次のように予想と仮説の違いを峻別することができる。

すでに習得した知識や生活経験から予想を立てた場合は仮説として扱う。また，社会諸科学の研究成果を組み込んで予想を立てた場合も仮説として扱う。

(8)平田オリザ『わかりあえないことから─コミュニケーション能力とは何か─』講談社現代新書，2012

(9)河野哲也『「子ども哲学」で対話力と思考力を育てる』河出ブックス，2014

(10)大島泰文「社会科における『主体的に学習に取り組む態度』の評価方法の開発─『振り返り場面』で生徒が立てた『問い』に着目して─」日本社会科教育学会『社会科教育研究』No.139，2020，pp.1-12

(11)名古谷隆彦『質問する，問い返す─主体的に学ぶということ─』岩波ジュニア新書，2017

(12)苅谷剛彦『知的複眼思考法─誰でも持っている創造力のスイッチ─』講談社，2002

(13)上田薫『知られざる教育─抽象への抵抗─』黎明書房，1958

(14)探究Ⅰ，探究Ⅱの授業構成理論については，次の文献に詳しい。

米田豊編著『「習得・活用・探究」の社会科授業＆評価問題プラン　小学校編』明治図書，2011「引き出し」についても論じている。

「引き出し」に入れるとは，習得したことを整理して脳髄に入れること。「呼び出す」とは，課題解決に必要な情報，知識を「引き出し」から検索し，活用することである。

(15)米田豊「子どもが分かる社会科授業づくりの理論と方法─学習指導案の基礎・基本─『社会科授業づくりの木』と授業研究」『社会科教育』No.683，明治図書，2016，pp.112-113

(16)岩田一彦著『社会科授業研究の理論』明治図書，1994

(17)橋本重治『到達度評価の研究─その方法と技術─』図書文化，1981

(18)北俊夫編著『社会科「関心・意欲・態度」の評価技法』明治図書，1993

「主体的に学習に取り組む態度」を育てる社会科授業&評価プラン

第2章

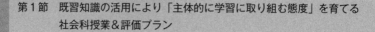

1 既習知識の活用により「予想」を「仮説」へと高める社会科授業＆評価プラン①

·· 第３学年　工場のひみつ

1　はじめに

　本稿では，学習問題に対して予想から仮説へと高める場面に焦点を当て，子どもの主体的な学びを促す社会科授業モデルと評価プランを提案する。

　まず「予想から仮説へと高める場面」を「主体的に学習に取り組む態度」として評価する理由について論じる。次に，学習問題に対して予想を立て，仮説へと高めるために必要なものについて整理する。そして，学習問題に対する予想や仮説に関する理論をふまえた社会科授業モデルと評価プランとして，第３学年「工場のひみつ」を事例に提案する。

2　なぜ「予想から仮説へと高める場面」を「主体的に学習に取り組む態度」として評価するのか

　これまでの授業実践や研究において，学習問題に対する予想や仮説を設定する場面は，思考力，判断力，表現力等の評価の対象となってきた。なぜなら，既有の知識を活用して，予想に情報を付け加えたり，取り除いたりといった試行錯誤を行い，その内容を言葉や絵などで表現する点において，思考，判断，表現の観点で評価することができるからである。

　しかし本稿では，学習問題に対する予想を立て，「予想から仮説へと高める場面」を「主体的に学習に取り組む態度」の評価対象として捉えることを提案する。国立教育政策研究所によると，「主体的に学習に取り組む態度」とは「知識及び技能を習得したり，思考力，判断力，表現力等を身に付けたりするために，自らの学習状況を把握し，学習の進め方について試行錯誤するなど自らの学習を調整しながら，学ぼうとしているかどうかという意思的な側面」[1]であるとされる。そのため，立てた予想を仮説に高めていく場面

は，直観的に出された予想のうち，どの予想が最も確からしいものなのか，試行錯誤を繰り返しながら，真に正しい一般解を粘り強く追究する姿を求めることになり，「主体的に学習に取り組む態度」の評価対象となる。

■3 学習問題に対して予想を立て，仮説へと高めるために必要なもの

　学習問題に対する予想や仮説を設定するのは，単に評価をするためではなく，子どもが学習問題を解決するための内容と方法の二つの見通しをもつことができるようにするためである。その例を図1に示す。

```
学習問題 ┃ なぜ，ショッピングモールAは今の場所にできたのか。┃

            予想，仮説の設定
                  ▽

【内容の見通し】                    【方法の見通し】
・大きな道があって，たくさん車が通る      ・どれぐらいの数の車が通るのかが分
  から。                               かればよさそうだ。そのことが分か
・お客さんが来やすい所だから。             る資料はないかな。
```

図1　学習問題を解決するための内容と方法の二つの見通しの例

　ここで言う内容の見通しとは，「～ではないか」「～になるのではないか」という学習問題に対する解の方向付けのことである。また，方法の見通しとは，どのような情報，資料があれば予想が正しいものと言えるのか見当をつけることである。教師は，どの程度目標に到達することができているか，記述内容や発言内容を参考にして，明確な規準をもって評価する。

　子どもは自分自身で予想や仮説をもつことができないと，教師に提示された検証資料を何も考えないまま用いたり，何も考えないまま仲間の考えを鵜呑みにしたりしてしまうことになる。これでは，受動的な学習姿勢となり，「主体的に学習に取り組む態度」とはなり得ない。予想を仮説に高める場面において，子どもの学習姿勢が主体的なものになるために，子ども，教師，それぞれに必要なものがある。その一部を次の表1に示す。

表1 「主体的に学習に取り組む態度」を育成するために必要なもの

子どもに必要なもの ← ━━ そのために教師に必要なもの	
・「なぜ」や「どうすれば」といった追究する必然性のある学習問題を発見する力。	・話し合う価値のある（予想や仮説を設定するにふさわしい）学習問題の想定，そのための幅広い教材研究をしておくこと。
・学習問題に対して直観的に複数の予想を出す力。 ・予想が正しいか正しくなさそうか判断したり考えたりするための規準や根拠（学習経験や生活経験）。	・予想や仮説を設定することができるように，本単元さらには本時までにどのような学習をして，どのような知識を獲得できるようにするのか，単元の学習を構想しておく。単元間，学年間のつながりを見通しておく。
・「ぼくは，わたしは～ではないかと考える，なぜなら……だからです」と話す力。 ・「なぜそう思ったのか」と問うたり，「それは本当か」と返したりする話し合いのための術。	・社会科に限らず各教科等の学習において，話し合い活動を位置付けることで，子どもが話す力や話し合いの術を身につけることができるようにする。 ・子どもの発言を黒板やモニター等に整理して位置付け，思考を可視化する。

　まず，子どもに必要なものは，どの予想が正しそうで，どの予想は正しくないのか判断したり考えたりするための，規準や根拠である。規準や根拠となるのはこれまでに培ってきた学習経験や生活経験である。しかし，経験の様相は個々によってさまざまであり，小学校低学年から中学年に多く見られる固定観念が含まれている可能性がある。だからこそ，子ども同士での話し合いの場が必要となる。

　その話し合いの場を設定するのが教師である。教師は，話す力や話し合いの術だけでなく，子どもが予想や仮説を出すことができるように，一年間の単元の学習の流れ，単元内の学習の流れも，獲得する知識内容とともに構想しておく必要がある。また，予想を出し，仮説へと高めていく話し合いにふさわしい学習問題の設定を想定しておく。それには教師の幅広い教材研究が不可欠となる。学習問題に対して即答できるものは，予想を出したり，さらには予想から仮説へと高めたりしていく価値はない。むしろ，学習問題から

解までの幅がある学習問題こそ，予想を出したり，さらには予想から仮説へと高めたりしていく価値がある。学習問題に対する予想の設定を具体的な発問や指示等によって促し，話し合いの場を設定し，黒板やモニター等の教具を用いて，予想を仮説へと整理していく能力こそが教師に必要なものである。

4 社会科授業モデル及び評価プラン

　以上のことをふまえて，授業モデル「第3学年　工場のひみつ」[2]と予想を仮説へと高めていく際の評価プランを提示する。

● 授業モデル「第3学年　工場のひみつ」

①授業を構想するにあたって

　本単元のねらいは「生産者が，原材料や製造方法，品質管理など製造過程にこだわっているのは，品質がよく安心で安全な製品を求める生活者のニーズに応えることで，利益をあげるためであることが分かる」である。

　本単元では，市内にある給食の牛乳を製造している工場を取り上げる。なぜなら，それは給食の時間に必ず目にするもので，子どもたちにとって心理的にも地理的にも身近なものだからである。牛乳は，生活者の手元に届くまでに，生産者のさまざまな工夫が存在する。

　例えば，それは，生乳を仕入れる段階から出荷までにいくつかの項目で何度も検査し，県内産の生乳を原料とすることにこだわっている点である。この背景には，安心・安全で，おいしい牛乳を求める生活者の多様な要望がある。生産者側である工場は，生活者の要望に応えるかたちで利益をあげているのである。これは，牛乳工場以外のものをつくる仕事にもあてはまる概念である。

　このように，生産者が製品づくりに工夫を絶やさないのは，生活者のニーズに応える製品を販売することで利益をあげるためであることが分かれば，ものをつくる仕事に関する社会認識が形成される。その点で，牛乳工場は教材として扱う価値があると考えた。

②単元の学習過程

　本単元の学習過程は，表２に示すとおりである。

　なお，本単元に入る前に，単元「お店のひみつ」を学習している。単元の学習の流れを「お店のひみつ」「工場のひみつ」という順にしたのは，「お店のひみつ」で獲得した知識「販売の仕事に携わる人たちが，生活者の買う工夫（購買行動）をふまえて，価格，場所，販売促進，商品などの面で売り方を工夫し，利益をあげている」をふまえ，工場でものをつくる仕事がお店の仕事と類似していることに気付けるようにするためである。類似点とは，お店，工場とも，生活者の視点を重要視していることである。

　そして，「工場のひみつ」について学習していく中で，本単元のねらいに示した「生産者が，原材料や製造方法，品質管理など製造過程にこだわって

表２　単元「工場のひみつ」の学習過程

情報収集	【第１次】牛乳工場について情報を集めよう：５時間 ○「牛乳」から想起することについて「牛乳マップ」を書いて意見を交流する。また，どのような牛乳を求めているのか，保護者アンケートを集計する。（１時間） ○牛乳工場で製造される「牛乳」について知りたいこと，疑問に思うことについて考え，交流する。（１時間） **単元を貫く学習問題：「牛乳」をつくる工場のひみつをさぐろう。** ○牛乳工場での見学・調査を行う。（２時間） ○工場見学を通して分かったことや気付いたこと，さらに疑問に思ったことについてまとめ，交流する。（１時間）
追究	【第２次】牛乳工場のひみつをさぐろう：８時間 ○出荷までに多くの項目で何度も検査している理由について考え，交流する。（２時間） ○ペットボトルに入った牛乳が販売されていない理由について考え，交流する。（２時間）【本時】 ○生乳の産地を県内産にこだわることの理由について考え，交流する。（２時間） ○様々な大きさ（１ℓ，500㎖，200㎖），種類（牛乳，加工乳）の製品を製造している理由について考え，交流する。（２時間）
まとめ	【第３次】牛乳工場のひみつをまとめよう：３時間 ○牛乳工場の学習のまとめをする。（１時間） ○学習したことを生かして，他の工場のひみつについて調べ，交流する。（２時間）

いるのは，品質がよく安心で安全な製品を求める生活者のニーズに応えることで，利益をあげるためである」という認識を形成していけるようにする。

③本時の授業仮説，目標，学習過程

1 授業仮説

> **★1**：多様な予想を出せるようにするための手立て
>
> 学習問題に対して予想を立てる場面では，「これまで学習したことを生かして考えることができないかな？」「工場がペットボトルに入った牛乳を作らない理由は何かあるのかな？」「どうしてペットボトルの牛乳は必要ないの？」と補助発問によって促せば，子どもの学習経験をもとに多様な予想が出るであろう。
>
> **★2**：予想を仮説へと高めるための手立て
>
> 多様な予想を眺めるように働きかける中で，「どの予想が最も正しいだろうか？」と問いかける。そして，そのように考えた理由を問うことで，前単元で学習した「お店のひみつ」で獲得した知識や生活者の視点を手がかりに，予想を整理，分類する過程を経て，仮説に高めることができるであろう。

2 本時の目標

　学習問題に対する予想を立て，予想の根拠を書いたり話し合ったりする活動をとおして，学習課題に対する仮説を立てることができる。

【主体的に学習に取り組む態度】

3 本時の学習過程

学習活動	○発問　◎指示　◇確認 ・指導上の留意点	・予想される子どもの反応	＊資料 ◎評価
1．本時の学習課題を把握する。	◇今の学習の中で牛乳の学習をしていることをおさえると同時に，用意したペットボトル飲料水のいくつかを順次提示していく。 ○何か気付いたことはありますか。	・ペットボトルに入った牛乳がない。 ・そういえばペットボトルに入った牛乳が売られているところは見たことがない。 ・牛乳はすべて紙パックに入れて売られている。	＊資料①ペットボトル飲料（実物）
	○資料②を見て，気付いたことはありますか？	・ペットボトルに入った牛乳は売られていない。作られていない	＊資料②売り場の

	◇工場見学を振り返ってみても，ペットボトルに入った牛乳が作られているのは見たことがありませんね。	ということか。 ・なぜかな。	様子

本時の学習問題
なぜ，牛乳工場ではペットボトルに入った牛乳を作らないのだろうか。

2．予想を立てる。	◎学習問題の答えを予想して，ワークシートに書きましょう。 ◎ワークシートに書いた予想を発表しましょう。 ★1 ・場合によっては，小集団による交流の場を位置付け，より多様な予想を引き出すことができるようにする。 ・教師は子どもの予想を想定して，発言したものを，製造のしやすさ，価格，腐りやすい（衛生面），生活者の立場といったカテゴリーに分けて板書し，可視化していく。	・法律（きまり）があって作れないのではないか。 ・ペットボトルに牛乳を入れるための機械がないから。 ・ペットボトルは口が狭いので入れにくいから。 ・牛乳は冷たくないと腐るので，ペットボトルには不向き。 ・ペットボトルは口のみをするので，腐りやすい。 ・買ってもペットボトルは捨てにくい。紙パックならすぐにリサイクルができる。 ・ペットボトルの牛乳は買いたい，飲みたいとは思わない。
3．予想を仮説へと高める。	◎学習問題に対する予想を眺めて，どの予想が最も正解に近いのか考えてワークシートに書きましょう。他に予想を出しても構いません。ただし，今回はなぜそう思ったのか，理由をはっきりとさせるようにしましょう。 ◎ワークシートに書いた予想とその理由を発表しましょう。	・<u>工場にはペットボトルの機械がなかった（工場見学の経験）</u>ので，機械を入れるとお金がかかるからだと思う。 ・<u>工場の人が「牛乳は冷蔵庫の中でないと菌が繁殖して腐りやすい」と言っていた（工場見学の経験）</u>ので，買った人が持ち運びをしないように，あえて牛乳

44

	★2 ・子どもの発言の中で買う人の立場に関する発言が出てきた場合,牛乳を買って飲む人はどのような牛乳を求めているのか考えるように働きかける。 ・話し合いが停滞したり,お金に関する視点が出てこなかったりした場合,牛乳パック(紙)とペットボトルの違いについて考えるようにし,製造にかかるコストについて考えることができるようにする。	パックにしているのだと思う。 ・何度も検査することが法律で決まっていた(本単元で獲得した知識)ように,ペットボトルに入った牛乳は作ってはいけないのではないか。 ・自分の家の人が求める牛乳にもあったように,ペットボトルに入った牛乳は買わないと思うので(前単元,本単元で獲得した知識),作っても売れないから作らないのだと思う。
4. 検証に必要な資料を考える。	○どのような資料や情報があれば,みんなの予想を確かめることができるかな。	・法律(きまり)で,牛乳の入れ物が決まっているのか。 ・ペットボトルと紙パックの違いに関する資料。
5. 次時の見通しをもつ。	◇次時では,資料を使い仮説の検証をすることを伝える。		◎ワークシート【主体的に学習に取り組む態度】

④予想や仮説を設定することができるようにするために

　本時で設定された学習問題は「なぜ,牛乳工場ではペットボトルに入った牛乳を作らないのだろうか」である。この学習問題に対する予想や仮説を設定するためには,牛乳やペットボトル等に関する知識をもっていなければならない。これは認知心理学の研究成果からも既に明らかにされており,ある学習対象について考えていくためには,その領域固有の知識を身につけておかねばならない。それが乏しいと,思考は働きにくいという[3]。

そこで，図2に示すように，本時の学習問題に対して予想や仮説を設定するためには，前の単元，さらには本単元の中で，事前にどのような知識を獲得しておくとよいのか，整理しておくとよい。

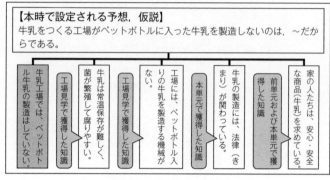

【本時で設定される予想，仮説】
牛乳をつくる工場がペットボトルに入った牛乳を製造しないのは，～だからである。

- 牛乳工場では、ペットボトル牛乳の製造はしていない。
- 工場見学で獲得した知識
- 牛乳は常温保存が難しく、菌が繁殖して腐りやすい。
- 工場見学で獲得した知識
- 工場には、ペットボトル入りの牛乳を製造する機械がない。
- 本単元で獲得した知識
- 牛乳の製造には、法律（きまり）が関わっている。
- 前単元および本単元で獲得した知識
- 家の人たちは、安心・安全な商品(牛乳)を求めている。

図2　事前に獲得するべき知識の整理

⑤「主体的に学習に取り組む態度」の評価プラン

先に示した授業モデルでの「主体的に学習に取り組む態度」の評価対象は，予想の根拠や理由の記述内容である。予想の根拠や理由として，今までの学習や生活で獲得した知識が活用されているかどうか，またそれを複数考えることができているかどうかで評価する。ただし，生活経験については，子ども自身の思い込みであることがあるため，学級内での話し合いの中で吟味，検討をしなければならないことを注意されたい。

これらのことをふまえて作成したものが表3に示す評価規準表である。本授業では，この評価規準に照らして，子どものワークシートの記述内容から「主体的に学習に取り組む態度」を評価する。

先の3　本時の学習過程　でも示したように，「工場にはペットボトルの機械がなかった（工場見学の経験）ので，機械を入れるとお金がかかるからだと思う」といった具合で，一つ仮説を設定することができればB評価となる。また，このような形で複数の仮説を設定することができればA評価となる。社会事象の結果に対する原因は複数のものが存在するため，複眼的にものごとを捉えようとする子どもの態度は当然高く評価することになる。一方，予想の根拠を明確にすることができない場合は，C評価となる。

表3 「主体的に学習に取り組む態度」【予想の理由】の評価規準

評価	評価規準の具体
A	これまでの学習で獲得した知識や生活経験をもとに，**複数の仮説を立てることができ**ている。
B	これまでの学習で獲得した知識や生活経験をもとに，仮説を立てることができている。
C	これまでの学習で獲得した知識や生活経験をもとに，仮説を立てることができていない。仮説の根拠が記されていない。

5 おわりに

　本稿では，学習問題に対して予想から仮説へと高める場面に焦点を当て，子どもの主体的な学びを促す社会科授業モデルと評価プランを提案した。

　かつて筆者は教材研究をする中で，「これは面白い学習問題になる」と思うあまり，子どもの思考や学習過程を考慮しないまま授業に用いて失敗した経験がある。子どもが学習問題に対して予想や仮説を設定すること，つまり，見通しをもって追究していくためには，前の単元，本単元の中での学習経験が鍵となる。だからこそ，「主体的に学習に取り組む態度」を育成していくためには，子どもたちの学習経験を生かすこと，学びをつなぐことを意識して，カリキュラム・マネジメントしていくことが必要となる。

（浅野　光俊）

【註・引用・参考文献】

(1)国立教育政策研究所教育課程研究センター『「指導と評価の一体化」のための学習評価に関する参考資料【小学校　社会】』2020

(2)本稿で提示した授業プランは，兵庫教育大学附属小学校教育研究会『教材の力を引き出す授業プラン』明治図書，2015，pp.28-35にもとづくものである。

(3)稲垣佳世子「概念的発達と変化」波多野誼余夫編『認知心理学5　学習と発達』東京大学出版会，1996，p.60

2 既習知識の活用により「予想」を「仮説」へと高める社会科授業&評価プラン②

.... 第5学年　米作りがさかんな地域

1 深い学びの達成をめざして

　現代社会が求める資質や能力は大きく変容し，子ども自身が実生活で遭遇する諸課題や未知な課題を解決する力を育成することが要求されている。そのため，子どもの資質や能力を育成するために，学校教育現場では，「主体的・対話的で深い学び」のある学習活動をめざして，教育実践が展開されている。

　米田豊は，深い学びが達成される状態について，次のように述べている。

　主体的・対話的な学びとは，子ども自身が活発に内的活動や外的活動を行う学習のことである。内的活動とは，知識習得や価値判断，意志決定に向けて子どもの頭の中で行われる思考活動である。外的活動とは，言語活動（表現活動）のことであり，内的活動で行った思考活動をとおして生成した情報を表出させる活動である。この外的活動の例として，「ペア・トーク」，「グループ・ディスカッション」や「全体討論」，「板書」などをあげることができる。このような学習活動が担保された上で，深い学びが達成される。[(1), pp.101-102]

　つまり，主体的・対話的である学習活動をとおして，子どもの内的，外的な思考活動が能動的に行われることで深い学びが達成される。言い換えるならば，深い学びを達成するには，子どもの思考活動が必須となる。しかし，授業者が「考えてみましょう」と問いかけたところで，子ども自身が学習課題に関心がもてなかったり，子どもにとって切実な問題ではなかったりすれば，主体的な学習活動とはならない。また，子どもが学習課題に関する情報を収集していなければ，豊かな対話活動も生じることがない。

　授業者は，このような状況を回避するために，どのような学習課題が適切であるか十分に吟味するとともに，子どもが考えることができる基盤づくりを意図的に行うことが大切である。この考えるための基盤となるものが，子

どもの生活経験や既習知識である。生活経験は，子ども一人ひとり異なるものの，既習知識については，見通しや振り返りの学習活動を組み込み想起させる活動を行うことで，考える基盤がそろいやすくなる。

　そこで，本稿では，ここまで論じたことをもとに，既習知識を活用させながら子どもの主体的な学びを促すために，授業者はどのような資料を提示するとよいか，どのような指示や発問をするとよいかについて論じる。

■2 社会科授業において既習知識を活用する重要性について

　前述したように，既習知識を活用させることで，子どもの思考活動は活発なものとなる。また，既習知識を活用させることで，子どもの社会認識は深まる。例えば，新たな社会事象に出会わせたとき，前時までの学習で習得した知識を活用して，共通点や相違点を発見させる思考活動を組み込めば，内容知を活用することができる。この際，共通点を抽出することで，知識はより抽象化，一般化される。このような思考活動を展開するためには，活用できる知識の習得が重要である。さらに，それらを活用させるためには，習得した知識を「社会的な見方」となる視点として働かせる学習活動を展開することが求められる。この「社会的な見方」は，社会事象をとらえる際に活用する視点であり，見方が成長することで，より複数の視点から社会事象をとらえることができる。そして，複数の視点を活用することで，社会認識をより一層深め，子どもがもつ内容知の充実を図ることができる。加えて，「社会的な考え方」は，見方を活用する際に働く思考方法であり，この「社会的な考え方」が成長することで，より合理的に社会事象を吟味し，質の高い価値判断，意志決定が可能となる。

　つまり，合理的な価値判断，意志決定をする過程で，子どもがもつ方法知の充実を図ることができる。子ども自身が「社会的な見方」を活用して「社会的な考え方」を働かせ，社会事象や社会的論争問題をとらえることで，社会認識を形成する。また，社会的論争問題の解決をめざし主体的に価値判断，

意志決定したりすることで，子どもの市民的資質が育成される。

　本稿では，その第一歩として，既習知識を子どもに活用させることによって主体的な学びを促す社会科授業モデルを提案する。また，「既習知識の活用場面」に着目して，発言やノート記述を分析することで，子どもの主体的に学習に取り組む態度を評価する方法について提案する。

■3 「予想」を「仮説」に高める学習過程

　子どもが学習課題である「なぜ疑問」に対して，米田豊は，「直観的思考で出された予想を集約して仮説に高めたり，既に子どもが『習得』している知識（記述的知識，分析的知識，説明的知識）や概念装置を『活用』したりして，仮説を設定する」[(2), p.13]と述べている。また，岩田一彦は，「一般的には，予想を分類，整理して仮説にしていく」[(3), p.77]と述べている。

　米田，岩田の論から，予想を仮説に高める際には，子ども自身が，既習知識を活用しながら思考を働かせることが重要であることが明らかとなった。

　さらに，岩田は，直観的思考によって出された予想を仮説へと高める学習過程について，次の3類型を提案している。

　図1の3類型をもとに，予想から仮説へと高める指示や発問を提案する。

①なかまでまとめる	②代表的なものを取り上げる	③なかまでまとめて，さらに新たなものを追加する
予想a 予想a′　⇨仮説A 予想a″ 予想b 予想b′　⇨仮説B 予想b″ 　⋮　　　⋮	予想a　⟹仮説A 予想b 予想c 予想d　⟹仮説D 予想e 予想f 　⋮　　　⋮	予想a 予想a′　⇨仮説A 予想a″ 予想b 予想b′　⇨仮説B 予想b″ 　⋮ 　　　　仮説C 　　　　（追加）

図1　予想を仮説へ高める方法[(4)]

表1　予想から仮説へと高める授業者の指示や発問

類型	授業者の指示や発問と〈子どもに働かせたい思考〉
①なかまで まとめる	①みんなが出した予想について，キーワードをもとに整理してみよう。 ②みんなが出した予想をなかま分けしてみよう。 〈出された予想を共通点で分類させる〉
②代表的なものを 取り上げる	③みんなが出した予想の中で，どれなら確かめることができそうですか。 ④みんなが出した予想は，どのような資料があると確かめることができ 　そうですか。 〈出された予想を既習知識や生活経験と比較させる〉
③なかまでまとめ， さらに新たなも のを追加する	⑤この新しい資料から，何か気付くことはありませんか。 〈資料と予想を比較させ新たな情報を抽出し，既習知識や生活経験と関 連付けさせる〉

　多様な予想を子どもに発表させた後，表1に示す①～⑤の指示や発問を授業者が行うことで，クラス全体で仮説を設定し，検証したい内容の共有化を図ることができる。

4 既習知識の活用を組み込んだ仮説の設定

　既習知識を活用することは，子どもの主体的な学び，対話的な学びを促進するためにも，社会科授業のみならず様々な学習活動で重要となる。そこで，既習知識の活用を学習活動に組み込む手立てについて，次の2点を提案する。

> ①　これまでの学習活動で習得した知識を振り返る場を設定し，問いかけ
> 　ることで，活用させたい既習知識を想起させること。
> ②　①の場面において，本時の学習で提示している情報と既習知識を比較
> 　する思考活動を促す指示を行い，共通点や相違点に気付かせること。

　前述の手立てをふまえて，仮説設定場面における「主体的に学習に取り組む態度」の評価について提案する。

表2 「主体的に学習に取り組む態度」の評価規準

評価	評価規準の具体
A	学級内から出された多様な予想と既習知識を比較することで，根拠を示しながら検証可能な仮説を設定することができる。 　さらに，学級内から出された多様な予想について，既習知識を「社会的な見方」として活用し，分類することができる。
B	学級内から出された多様な予想と既習知識を比較することで，根拠を示しながら検証可能な仮説を設定することができる。 　または，学級内から出された多様な予想について，既習知識を「社会的な見方」として活用し，分類することができる。
C	学級内から出された多様な予想の中から，根拠もなく検証したい内容を抽出することしかできない。

　この表2で示した評価規準をもとに，実際の授業における子どもの姿を照らし合わせて評価する。

■5 既習知識の活用により「予想」を「仮説」へと高める社会科授業モデル

1 本時の目標

・日本の農業が抱える問題点の一つ（就業数の減少）に着目して，既習知識を活用しながら，仮説を設定することができる。

【主体的に学習に取り組む態度】

2 本時の授業仮説

★1：子どもの主体的な学びを促す手立て
　第3・4学年の学習で習得した「第一次産業の現状」を想起させ，日本の農業就業者数の現状や農業就業者数が減少している要因を確認した後，この既習知識と矛盾が生じる資料（農業生産額の推移）を提示することで，子どもにとって考えたい課題を設定することができるであろう。

★2：子どもの既習知識を活用させる学習活動を促す手立て
　第5学年「さまざまな土地のくらし」で習得した知識をもとに，多様な予想を分類したり，根拠を考えさせたりすることで，仮説に高めることができるであろう。

3 学習指導過程

学習活動	○発問 ◎指示 ◇確認 ・指導上の留意点	・予想される子どもの反応	＊資料 ◎評価
1．二つの資料を読み取り，日本の農業の現状を把握する。 （社会事象との出会い 事実認識）	◎資料①から情報を読み取りましょう。 ・資料から情報を読み取れない場合は，グラフを読み取る視点を確認する。 ○資料①で読み取ったことをもとに，日本の農業生産額がどのように変化していると思いますか。 ◎資料②で確認してみましょう。 ★1	・農業をやっている人の数は年々，減少している。 ・1965年と2017年を比較すると約6分の1になっている。 ・60才以上の割合が多くなっている。 ・やっぱり同じように減っていると思う。 ・輸入農産物も増えているし，食料自給率も低いから減っている。 ・減り方が思ったよりも少ない。 ・細かく読み取ると，増えたり減ったりしている。	＊資料① 農業就業者数の推移（教科書） ＊資料② 農業生産額の推移（自作資料）
2．単元を貫く学習課題を設定する。	◎二つの資料を比較して分かったことをもとに，今日からの学習で調べていきたい問いを考えよう。 ・日本の農業が抱える問題点の一つ（就業数の減少）に着目して，単元を貫く問いを設定する。 ◎みんなが出した意見をもとに，なぜ疑問にしてみましょう。	・減り方に違いがあるね。 ・高齢化の割に生産額はけっこうあるね。 ・少なくなった人数でも生産額をあまり減少させないひみつが知りたいね。 ・日本の農業のひみつをみんなで調べていこうよ。 ・なぜ，働く人が少なくてもできるのか，農業の工夫を調べてみたいね。	

単元を貫く学習課題

就労者数全体は大きく減少しているのに，農業生産額はあまり減少していないのはなぜだろう。

	◎今日から日本の農業について，この問いで学習を進めていきましょう。	・調べていきたいね。 ・予想を考えようよ。 ・日本の農業のひみつを調べるのだね。世界は？	
3．学習課題の解を予想する。	○就労者数全体は大きく減少しているのに，農業生産額はあまり減少していないのはなぜだろう。 ◎まず，ノートに自分の予想を書きましょう。 ◎予想を発表しましょう。 ◇同じような意見を記述しているか確認しながら進める。 ・予想段階は，自由な発言を受け止め，仮説設定段階で吟味，精選するようにする。	・産地の特産物として高級なものを栽培しているから。 ・機械を使っているから。 ・ブランド化しているから。 ・売れる時期に出荷しているから。 ・気候を生かして農業を行うようになったから。 ・消費者のニーズのあるものを栽培するようにしているから。 ・どこでも届けられるようになったからじゃないかな。	
4．予想を仮説に高める。	◎みんなが発表した予想について，仲間分けをしてみよう。 ・仲間分けの際は，どの点が共通しているのか確認しながら発表させる。 ・検証できそうな予想に着目させる。その際，検証に必要な資料がありそうか検討させる。 ○なぜ，みんなはそのような予想をしたのだろう。 ・ノートを振り返って考えてもよいことを伝える。 ★2	・**販売価格**に注目できるよね。 ・特産品をブランド化してシールを付けてスーパーでも売っているよね。 ・**生産方法**の工夫も一つじゃないかなあ。 ・嬬恋村のキャベツのときのようにね。 ・**輸送面**にも理由がありそうだよね。 ・消費地への輸送手段が発達しているものね。	＊予想を仮説に高めるために活用させたい資料 ・教科書 ・資料集 ・授業で活用したプリント ・子どものノート

| 5. 次時の授業から調べていく仮説を設定する。 | ◎みんなの考えをもとに，自分の考えをノートにまとめてみよう。
・仮説は一つに限らず，複数設定してもよいことを知らせる。 | ・販売するための工夫があるからだと思う。なぜなら，沖縄の学習のときの菊栽培や，嬬恋村のキャベツ作りのように，いろいろなものを他の地域で作らない時期に作って出荷しているのだと思う。そんな工夫をして買ってくれる人が多い地域に運んでいるから。 | ◎評価
【主体的に学習に取り組む態度】 |

4 次時の展開

　授業者はノートに記述された子どもの仮説を把握した上で，子どもにノート記述を発表させる。そして，単元を貫く学習課題を解明するための仮説を学級全体で共有し，どの仮説から検証していくとよいか話し合い，資料を収集，選択しながら検証していく。

■6 既習知識を対象とした「主体的に学習に取り組む態度」の評価プラン

　本時では，「日本の農業の現状」に関する資料を活用しながら，単元を貫く学習課題を導き出すことに主眼を置いて学習を進めた。提示資料は，農業就業者数の推移と農業生産額の推移を示すグラフである。第3学年や第4学年の社会科の学習で，自分が暮らす地域や都道府県の第一次産業の実態について把握している。学校の周辺の土地の様子も田や畑，金魚池が年々宅地化されており，農業人口が減少している資料に納得感をもたせることができた。その上で二つの資料を比較することをとおして，減少率の割合の差異に気付かせた。この二つの資料を比較し差異を発見させることで，単元を貫く学習課題「就労者数全体は大きく減少しているのに，農業生産額はあまり減少していないのはなぜだろう」（複文型の「なぜ疑問」）を設定した。この姿から，授業仮説1（★1）は有効に働き，子どもの既習知識や生活経験との差異を実感しながら考えたい問いを設定することができたと言える。

また，子どもから出される予想を否定せずに多様な意見を発表させながら，仮説へ高める段階で吟味，検討させた。このような学習活動を組み込むことで，「これなら資料がありそうで，確かめられそう」「これはないかな。だって，沖縄の学習でも……」というように，既習知識を活用しながら，子どもの対話をもとに検証可能性の高い仮説を設定することができた。これにより，授業仮説2（★2）も有効に働き，多様な仮説を一人ひとりが設定し，学級全体で共有化し，検証活動へ進めることができた。

■7 既習知識の活用により「予想」を「仮説」へと高める社会科授業の評価

　5で提案した授業モデルは，令和2年度弥富市立日の出小学校5年竹組で実践したものである。令和2年度は，新型コロナ感染拡大予防のため，年度初めの2か月が臨時休校となった。この臨時休校は，子どもにとっても大きな出来事であり，一大事件でもあったようだ。子どもから，「牛乳についてニュースになっていた」との声があがった。子どもの身近な「給食」にも大きな影響を与えていることから，「食料生産」について他人事ではなく自分事の視点としてとらえようとしている姿が見られた。

　そのため，例年なら「田植え」の時期に学習する内容を漁業と入れ替えて，「稲刈り」の時期に合わせて学習することとした。稲刈りの時期は，通学路からも大型機械が活動しているところを見たり，新米のニュースが届いたりする。このような学習環境を生かしながら授業を進めた。

　子どもが主体的に取り組んでいる社会科授業は，解決したい学習課題を子ども自身が設定することである。どのような資料を提示した時にそのような姿が見られたか，教師自身も授業評価を行いつつ，教材研究に努めていくことが重要である。そして，子どもの主体性を高める教育活動を展開するために，目標記述と照らし合わせながら授業仮説を吟味，検討していくことがポイントとなる。

　最後に，授業の終わりに子どもがノートに記述した内容を示す。

表3　子どものノート記述と評価

	A児	B児
記述内容	その土地の気候や性質を最大限に生かして高く売れるようにしている。なぜなら，嬬恋村のキャベツでは自然環境を生かして生産して大消費地へトラックを活用して運んでいたから。みんなも言っていたように，輸送や生産方法を調べると分かる。	機械を活用して工夫しているから，少ない人数でもあまり生産額が減っていない。なぜなら，漁業ではソナーや魚群探知機があったように，農業を支える機械があるから。
評価	A評価（既習知識を活用した仮説設定をするとともに，予想を仲間分けしている）	B評価（既習知識を活用した仮説設定ができている）

　子どもが設定した仮説に見られる共通点は，**「自然環境を生かす」「高く売る工夫」「機械」**であった。多くの子どもが学習課題に対して，これまでの学習をとおして習得した知識や生活経験をもとにノートに記述することができた。この姿から，子どもは既習知識を「生きた知識」として活用して仮説を設定することができたと言える。このような学習活動を繰り返すことで，主体的・対話的な学習活動が展開され，深い学びが実現できる。

（植田　真夕子）

【註・引用・参考文献】

⑴米田豊「『運輸・貿易』の新しい指導アイデア」北俊夫編著『小学校社会科「新内容・新教材」指導アイデア』明治図書，2018，pp.96-105

⑵米田豊「『習得・活用・探究』の授業づくりと評価問題」米田豊編著『「習得・活用・探究」の社会科授業＆評価問題プラン　小学校編』明治図書，2011，pp.7-21

⑶岩田一彦「教授学習過程における分析視点」岩田一彦『小学校社会科の授業分析』東京書籍，1993，pp.39-128

⑷岩田一彦「岩田ゼミ講義ノート」1990

・本実践では，次に示す教科書を使用した。
　池野範男，的場正美ほか124名『小学社会　5年』日本文教出版，2020

3 既習知識の活用により「予想」を「仮説」へと高める社会科授業&評価プラン③

第5学年　これからの食料生産

1 社会科授業における既習知識の活用

　本稿では，既習知識を活用し，予想を仮説に高めることにより，子どもの主体的な学びを促す社会科授業モデルを提案する。米田豊に依拠し，予想と仮説は，次のように峻別する。

予想：学習課題の解を当て推量で示すこと。

仮説：学習課題の解を，既習知識や対話により獲得した内容を活用し，
　　　それらを根拠として示すこと。

　そして，予想の根拠となる内容を対象として，ワークシートを分析して，子どもの「主体的に学習に取り組む態度」を評価する。

　予想を仮説に高める場面で，既習知識の活用を意図的に組み込む理由を述べる。社会科授業では，学習課題を解決するために予想を立て，その予想が正しいのかを資料を用いて検証する。そして，子どもは社会のしくみを理解する。予想を立てる場面で，予想の根拠を記述させることにより，必要な資料が明らかになり，学習課題を解決するための見通しをもつことができる。また，既習知識を根拠にすることで，より説得力のある意見になり，他者に自分の考えを簡潔に伝えることができる。さらに，新たな学習課題の解決に向け，既習知識を活用しようと教科書やノートを振り返る様子は，「主体的に学習に取り組む態度」が顕著に現れた姿と言える。したがって，予想を仮説に高める場面で，既習知識の活用を意図的に組み込むことにより，子どもの主体的な学びを促すことができる。

■2 既習知識を活用した仮説の設定と「主体的に学習に取り組む態度」

　前述のように，予想を仮説に高める場面で，既習知識の活用を意図的に組み込むことで，子どもは学習課題を解決するための見通しがもてたり，学習課題と既習知識の結びつきを見つけようと活動したりして，「主体的に学習に取り組む態度」が促される。ここでは，子どもが仮説を立てる際に，教師が既習知識の活用を促す手立てを述べる。その手立ては，次の２点である。

---

① 　新たな学習課題に活用できる既習知識を整理する。
② 　子どもの立てた予想だけでなく，予想の理由となる根拠をワークシートに記述させる。

---

　①について述べる。既習知識の活用を組み込んだ授業の開発には，教師が子どものもつ既習知識を把握し，本時で活用する知識を整理しておく必要がある。本事例では，図１に示すように「なぜ，国内のいちご作りは一年中行われているのにバニーユ（ケーキ屋）は夏秋にアメリカ産のいちごも使っているのだろう」という学習課題（複文型の「なぜ疑問」）に対し，前単元で習得している「いちごは夏秋の収穫量が少なく，価格が高い」という知識が活用できる。

　②について述べる。「予想を立てましょう」という教師の指示だけでは，多くの子どもは，根拠を探すところまで至らない。つまり，既習知識を活用し，予想を仮説に高めるまでに至らない。教師が子どもの発言や考えに対し，「なぜ，そう考えたのか」と問い返したり，ワークシートに予想の理由を記述させたりすることにより，子どもは既習知識を振り返る。そして，多くの子どもが根拠をもった予想，つまり仮説を立てることができる。

　これらの手立てにより，予想を仮説に高める場面で既習知識の活用が可能になり，子どもの主体的な学びを促すことができる。

| 学習課題 |
なぜ，長野県川上村では，育てにくい夏秋にいちごを作っているのだろう。

| 習得する知識 |
・長野県川上村は，標高1,300mの涼しい場所であるため，夏秋でもいちごを育てることができる。

・いちごは夏秋（6月～10月）の収穫量が少ないため，約2,200円／kgと冬春いちご（約1,100円／kg）より価格が高い。

2,200円：長野県の夏秋いちごの価格（当時）
2,500円：同時期の大阪中央卸売市場の価格

活用する知識

| 学習課題 |
なぜ，国内のいちご作りは一年中行われているのにバニーユ（ケーキ屋）は夏秋にアメリカ産のいちごも使っているのだろう。

| 習得する知識 |
・バニーユは，一年中ショートケーキを作るために国産いちごの**収穫量が少ない夏秋**に，アメリカ産のいちごを使っている。

・国産いちごの入荷量の少ない夏秋は，国産（約2,500円／kg）と比べてアメリカ産が約2,000円／kgと**価格**が安いので，一年をとおして同じ価格でケーキを売ることができる。

図1　本事例に活用する知識

　これまでに論じたことをもとに，ワークシート（図2）を作成した。予想の欄には，学習課題に対する予想を記述させる。その後，その予想を立てた理由を下の欄に記述させる。この予想の理由に記述する内容が根拠にあたる。この記述の内容を見取り，「主体的に学習に取り組む態度」の評価をする。

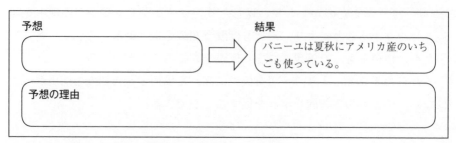

予想

結果
バニーユは夏秋にアメリカ産のいちごも使っている。

予想の理由

図2　「主体的に学習に取り組む態度」を見取るワークシート（一部）

■■3 既習知識の活用をした「主体的に学習に取り組む態度」の評価プラン

本事例での「主体的に学習に取り組む態度」の評価対象は，【予想の理由】の記述内容である。予想の理由に，今までの学習で習得した知識が活用されているかどうかで，「主体的に学習に取り組む態度」を評価する。予想の理由として記述される内容には，次の3点があると考えられる。

---

① 既習知識（今までに学習したこと）
② 生活経験で得た知識
③ なんとなく（根拠とはなりえない感覚的なもの）

---

①の内容を記述した予想は，既習知識を根拠として立てた予想であり，仮説であると言える。しかし，②③の内容を記述した予想は，仮説とは言えない。②は，学習をとおして習得した知識ではないからである。また，その内容が事実なのかを授業で判断することができない。さらに，生活経験は，子どもの家庭環境に大きく左右される。家庭環境の違いで子どもを評価することは妥当ではない。そして，③は当て推量のため根拠にはならない。

これらのことをふまえて評価規準（表1）を作成した。本事例では，この評価規準に沿って，「主体的に学習に取り組む態度」を評価する。

表1 「主体的に学習に取り組む態度」【予想の理由】の評価規準

評価	評価規準の具体
A	前時までに習得した知識をもとに**複数**の仮説を立てることができる。 ・いちごは夏秋の収穫量が少ない。　・夏秋のいちごの価格は冬春に比べて高い。
B	前時までに習得した知識をもとに仮説を立てることができる。
C	前時までに習得した知識をもとに仮説を立てることができない。

■4 既習知識の活用により「予想」を「仮説」へと高める社会科授業モデル

ここでは，予想を仮説へと高める手順とその授業モデルを示す。

はじめに，学習課題に対する予想を立てさせる。そして，どのような予想を立てたのかワークシートに記述させ，交流をする。

予想を仮説に高めるプロセスとして，第１段階は，既習知識に関わる資料を提示する。本事例では前単元で学習をした，夏秋に長野県で作られているサマープリンセスの写真を提示する。この働きかけにより，夏秋のいちごの収穫量と価格についての既習知識を想起させる。第２段階では，予想の理由をワークシートに記述させる。本事例では，既習知識を根拠として予想を仮説に高めることを意図している。そのため，予想を立てた理由を明らかにすることは不可欠である。教科書やノートをもとに記述するような声かけも必要である。第３段階では，予想とその理由を交流させる。そして，予想と予想の理由がどのように関連しているのかを整理して板書する。例えば，夏秋には国産いちごの収穫量が少ないので，アメリカ産を使っているという予想を立てたとする。教師は，なぜそう考えたのかと問いかける。そして，日本では冬春に比べ，夏秋にいちごの収穫量が少ないという既習知識を引き出し，板書で整理する。

以上のプロセスを図に示すと，図３のようになる。

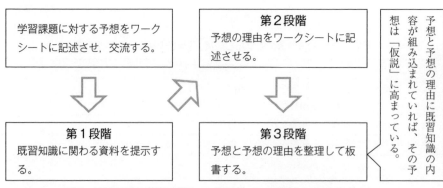

図３　既習知識の活用を促して「予想」を「仮説」に高めるプロセス

1 本時の目標

・<u>前時までに習得した知識</u>を根拠として，学習課題に対して仮説を立てることができる。　　　　　　　　　　　　【主体的に学習に取り組む態度】

【前時までに習得している知識】
・いちごは夏（6月〜10月）の収穫量が少ない。
・長野県で，収穫が少ない時期に作られる夏秋いちごは，約2,200円／kgと冬春いちご（約1,100円／kg）より価格が高い。

2 本時の授業仮説

【第1段階】子どもが予想を立てる場面で，「いちご作りのさかんな地域」（第4時）で使用したサマープリンセスの写真を提示し，夏秋に作られるいちごについての学習を想起させる。
【第2段階】ワークシートに予想の理由を記述させる。
【第3段階】予想と予想の理由を整理して板書する。
以上の手立てにより，本時の目標に到達させることができるであろう。

3 学習指導過程

学習活動	○発問　◎指示　◇確認 ・指導上の留意点	・予想される子どもの反応	＊資料 ◎評価
1．本時の学習課題を把握する。	◇今日は前単元で学習した「いちご」で輸入の学習をします。 ○いちごの学習ではどのようなことを学びましたか。 ◇バニーユ（ケーキ屋）は時期によって，さまざまな産地のいちごを使い分けているそうです。 ◎バニーユでは，どこのいちごを使っているか，確認しましょう。（資料①）	・ハウス栽培が多い。 ・日本では一年を通して，いちご作りをしている。 ・11月〜5月は，長崎県産や香川県産のいちごを使っている。 ・6月〜10月は，長野県産やアメリカ産を使っている。	＊資料① バニーユで使っているいちご産地

	○「なぜ」から始まる学習問題を作りましょう。	・なぜ，夏秋（6月〜10月）だけ，アメリカ産を使っているのだろう。

学習課題

なぜ，国内のいちご作りは一年中行われているのにバニーユは夏秋にアメリカ産のいちごも使っているのだろう。

2．仮説を立てる。	◎学習問題の答えを予想し，仮説にしましょう。はじめに，学習問題の答えを予想して，ワークシートに書きましょう。 ◎ワークシートに書いた予想を発表しましょう。 ◎次に，この写真を見てください。 【図3の第1段階】 ・既習知識に関わる「サマープリンセス」の写真を提示し，夏秋に長野県でいちごを作る理由を想起させる（資料②）。 ◎あなたは，学習問題に対して，なぜその予想を立てましたか。理由をワークシートに書きましょう。 【図3の第2段階】 ・予想とは別に，「予想の理由」をワークシートに記述させる（この段階で予想そのものを変更してもよいことを子どもに伝える）。	予想 ①夏秋は国産のいちごだけでは，足りない。 ②アメリカ産のいちごの方が安い。 ③夏秋はアメリカ産のいちごの方がおいしい。  資料②サマープリンセス ＊資料② 理由 ①日本では夏秋，いちごの収穫量が少ないということを学習したから。【既習知識の活用】 ②夏秋に作られるいちごは，冬春に比べて高い価格で売れることを学習したから。【既習知識の活用】 ③なんとなく。

	◎ワークシートに書いた「予想の理由」を発表しましょう。【図3の第3段階】・予想とその予想に対応する理由を整理して板書する。予想の理由に既習知識の内容が組み込まれていれば，その予想は「仮説」として子どもに示す。	仮説 ①日本では夏秋に，いちごの収穫量が少ない。だから，ケーキ屋では夏秋，国産いちごだけでは足りないため，アメリカ産も使うのではないか。【波線部は既習知識の内容】②国産の夏秋いちごは収穫量が少ないため価格が高い。このことから，ケーキを安く売るためにアメリカ産も使うのではないか。【波線部は既習知識の内容】	◎ワークシート【主体的に学習に取り組む態度】
3．検証に必要な資料を考える。	○どのような資料があれば，仮説を検証できるでしょう。	・国産のいちごとアメリカ産のいちごの価格。・国産のいちごとアメリカ産のいちごの月別の収穫量。	
4．次時の見通しをもつ。	◇次時では，資料を使い仮説の検証をすることを伝える。		

4 次時の展開

　次時では，本時で設定した仮説を検証する。国産いちごの月別出荷量とアメリカ産いちごの輸入量，国産とアメリカ産いちごの月別市場価格を比較する。さらに，バニーユの村上さんのインタビュー動画で事実の確認をする。そして，「バニーユは，一年中いちごのケーキを作るために国産いちごの収穫量が少なく，入荷が不安定な夏秋に，アメリカ産のいちごも使っている」，「国産いちごの入荷量の少ない夏秋は，国産と比べてアメリカ産の価格が安いから，一年を通して同じ価格でケーキを売るためにアメリカ産も使っている」という説明的知識（原因──結果の関係を示した知識）を習得させる。

■5 既習知識の活用により「予想」を「仮説」へと高める 社会科授業の評価

4で提案した授業モデルを，西宮市立上甲子園小学校の第5学年3組において実践した。そして，ワークシートの記述を見取り，表1の規準をもとに評価した。A評価及びB評価と判断された具体的な記述例を，表4と表5に示す。

No.33の子どもは，二つの予想を立てた。一つ目は，前単元で学習した「夏秋に作られるいちごは冬春に比べて収穫量が少ない」という知識を活用した予想である。二つ目は，日本とアメリカの面積に注目して予想を立てている。しかし，いちごの耕作面積など根拠となる事実を示すことができないので，理由も当て推量である。この子どもは既習知識を活用し，一つの仮説を立てることができている。したがって，B評価と判断した。

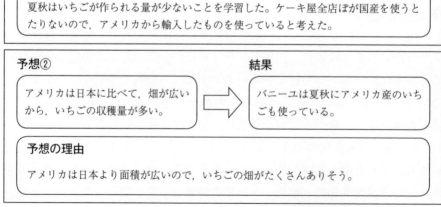

図4 「主体的に学習に取り組む態度」B評価の記述例（No.33）

予想①

夏秋に作られるいちごは，少ないので，値段が高い。

結果

バニーユは夏秋にアメリカ産のいちごも使っている。

予想の理由

日本では，夏秋に作られるいちごが少ないので価格が高いことを学習した。アメリカ産のいちごは，国産より安いから使っていると考えた。

予想②

日本の夏秋は，いちご作りに適した環境ではないので，収穫量が少ない。

結果

バニーユは夏秋にアメリカ産のいちごも使っている。

予想の理由

気温が高い夏秋には，長野県など涼しい気候を生かしていちご作りをしていて，収穫量が少ないことを学習した。だからアメリカ産を輸入していると思う。

図5 「主体的に学習に取り組む態度」A評価の記述例（No.30）

No.30の子どもも二つ予想を立てた。一つ目は，No.33の子どもと同様に夏秋はいちごの収穫量が少ないという既習知識をもとにした予想である。二つ目は，「夏秋いちごの価格が冬春に比べて高い」という既習知識を活用し，予想を立てている。この子どもは，複数の既習知識を活用し，二つの仮説を立てることができている。したがって，A評価と判断した。

6 おわりに

社会科授業で，子どもが新たな学習課題に直面したとき，今までの学習を振り返ったり，ノートを見返したりして，課題を解決しようとする姿は，学習に主体的に取り組む姿と言える。子どもの主体的な学びを実現するために，教師はさまざまな働きかけをする必要がある。その一つとして，予想の根拠に既習知識の活用を促し，仮説に高める授業を提案した。　　　　　　（橋口　龍太）

4 既習知識の活用により合理的意志決定を行う社会科授業&評価プラン

.... 第6学年　わたしたちのくらしと政治

1 子どもの「市民的資質」を育てる意志決定学習

　社会科では，一般的に，資料から「なぜ」という学習問題を設定し，学習問題に対して予想や仮説を立て，その予想や仮説を検証していく学習が展開される。予想や仮説を立てる際に，子どもは生活経験や学習経験によって習得している知識を活用する。このような探究活動をとおして，社会事象に対する新しい知識を習得していく。このことに加え，社会認識形成をとおして市民的資質を育成する教科である社会科では，知識の習得で終わるのではなく，習得した知識を活用して社会の問題を考える学習（意志決定学習）まで行うことが大切である。

　「意志決定」とは，価値観の違いによって解決策が分かれる問題に対して，最も合理的な手段や方法を選択，決定する活動である。つまり，大人でも判断が分かれるような社会の問題を，単元の最後に学習問題として設定し，子どもに合理的意志決定させるのである。ここでのポイントは，「意志決定を求める学習問題が，これまでに習得した知識を活用して考えることができる学習問題となっているかどうか」である。習得した知識を活用して社会の問題を考えさせることで，「教室で学んだことは自分の生活とつながっているんだ」という意識を育てることができる。また，意志決定学習は，「社会の問題を考える」ことだけで終わっては不十分である。社会の問題に対して，よりよい解決策を見つけるためには，どのように考えていけばよいか（事実の分析的検討）を子どもに習得させることが，子どもの「市民的資質」の育成につながるのである。

68

■2 意志決定学習における「主体的に学習に取り組む態度」の評価プラン

　意志決定学習における「主体的に学習に取り組む態度」の評価方法については，大島泰文の論[1]を参考にする。大島は，「振り返り発問」に対して生徒が立てた「問い」で「主体的に学習に取り組む態度」を評価するとして，米田豊の「探究Ⅱ」の学習過程[2]における評価する規準を次のようにまとめている。

表1　「振り返り発問」に対して生徒が立てた「問い」を評価する規準

振り返り発問	評価規準		
単元の学習をとおして，新たにどのような「問い」が生まれたか。	「①新たな社会事象への応用」「②深まった問いの発見，探究」「③価値分析・未来予測」の学習過程にあてはまるかどうか。	A	「①新たな社会事象への応用」「②深まった問い（知識の再構造化を意図した問い）の発見，探究」「③価値分析・未来予測」の学習過程にあてはまる「問い」を立てている。
		B	知識の豊富化を意図した「問い」を立てている。
		C	「問い」を立てることができない。

　意志決定学習は，米田の「探究Ⅱ」の学習過程では，「③価値分析・未来予測」にあたる。大島の論を基に，意志決定学習の「振り返り発問」に対して生徒が立てた「問い」を評価する規準を，次のように設定する。

表2　意志決定学習における「主体的に学習に取り組む態度」の評価規準

振り返り発問	評価規準	
意志決定学習をとおして，新たにどのような「問い」が生まれたか。	A	調べることによって，選択肢のメリット・デメリットを明らかにすることができる問い（もしくは，単元の学習で明らかになったメリット・デメリットをくつがえす問い）を立てている。
	B	単元で学習した既習知識をより深める問いを立てている。
	C	問いを立てることができない。

■3 既習知識の活用により合理的意志決定を行う 社会科授業モデル

1 第6学年「わたしたちのくらしと政治」における意志決定

　6年生の「わたしたちのくらしと政治」の単元では，「国や地方公共団体の政治は，国民主権の考え方の下，国民生活の安定と向上を図る大切な働きをしていること」を理解させることが求められている。しかし，教科書に載っている事例は，学習者である子どもが住んでいる地域の事例ではないため，子どもたちにとって，政治が自分の生活に関係していることが分かりにくいものとなっている。そこで，子どもの生活に即した内容にするために，子どもの住んでいる地域に実際にある問題（社会的論争問題）について，意志決定させる学習を設定する。今回は，伊丹市の財政（政治）のしくみを理解した上で，校区にある論争問題「都市計画道路は必要か」について意志決定させる授業モデルを提案する。

2 単元計画

時	主な問い	目標【観点】
1	なぜ，「ことば蔵」や「ふらっと」は無料で使うことができるのだろう。	「ことば蔵」や「ふらっと」は，伊丹市が造った公共施設であり，伊丹市に住んでいる人々が本に親しんだり，地域の子どもたちが自由に遊べたりするようにするために，無料で使うことができるようになっていることを理解する。【知識】
	単元を貫く学習課題 伊丹市の取組は，わたしたちのくらしとどのようにかかわっているのだろう。	
2	伊丹市には，「ことば蔵」や「ふらっと」の他に，どんな公共施設があるのだろう。	伊丹市には，公共施設として，博物館やいたみホール，学校など教育や文化に関係する施設，消防署や市立伊丹病院，休日応急診療所，阪神北広域こども急病センター，ゴミ処理場など健康に関する施設，社会福祉に関する施設などがあることを資料から読み取ることができる。【知識，技能】
3	伊丹市では，税金はどのように使われているのだろう。	伊丹市では，福祉・医療にかかる費用が一番多くを占めていて，年々増加していることを知る。 また，平成5年度に比べて，義務的経費（人件費，扶助費，公債費）が増えているのに公共工事などの費用が減っていること，公共施設の建て替えの時期がきていることを知る。【知識】

70

4	伊丹市では，税金の使い方を，どのようにして決めているのだろう。	税金の使われ方である予算は，選挙で選ばれた議員によって運営されている市議会で決められていることを知る。【知識】
5	なぜ，伊丹市内のいろいろなところで道路工事をしているのだろう。	道路を広げることによって「①渋滞を減らす」「②救急車や消防車が通りやすくする」「③歩道を造り，歩く人が安全に通れるようにする」ことができるようにしていることを理解する。【知識】
6 （本時）	校区を通る予定の「山田伊丹線」は，計画どおり尼崎宝塚線までのばすべきか，それとも計画をやめるべきか。	※「本時の目標（下記）」参照

3 本時の目標

・「校区を通る都市計画道路を造るべきかどうか」という社会的論争問題について，習得した知識を活用して事実の分析的検討を行い，価値判断，意志決定することができる。　　　　　　　　　　　　【思考，判断，表現】

・単元の学習を振り返って，これからどのようなことを調べればよいか，新たに「問い」を立てることができる。　　【主体的に学習に取り組む態度】

4 本時の授業仮説

> ★：社会的論争問題に対する事実の分析的検討において，それぞれの選択肢の未来予測を，キーワードをつけて比較させることで，子どもはこれからどんなことを調べれば，それぞれの選択肢のメリット・デメリットをより明確にできるか，分かるようになるだろう。

5 学習指導過程

学習活動	○発問 ◎指示 ◇確認 ・指導上の留意点	・予想される子どもの反応	＊資料 ◎評価
1．本時の 学習課題 を把握す る。 【Ⅰ：問題 の発見・把 握】	○この写真はどこか分かりますか。 ◎地図で場所を確認しましょう。 ・写真の場所を校区地図で確認す ることで，道路が途中で途切れ ていることに気付かせる。 ◇山田伊丹線が，尼崎宝塚線まで のびる計画があることを教える。 ・校区地図で都市計画道路整備予 定地を確認することで，道路整 備をすると立ち退かなければな らない家があることに気づかせ る。	・見たことがある。 ・あそこだ。 ・きれいな道になっているのに， 突き当たりに家がある。 ・道が途中で止まっている。 ・この道を造るためには，住んで いる人に引っ越ししてもらわな いといけない。	＊資料① 校区地 図 ＊資料② 「山田伊 丹線」 の突き 当たり となっ ている 場所の 写真 ＊資料③ 都市計 画道路 整備計 画図

学習課題
校区を通る予定の「山田伊丹線」は，計画どおり尼崎宝塚線までのばすべき
か，それとも計画をやめるべきか。

2．自分の 考えをワ ークシー トに書く。 【Ⅱ：解決策 の選択】	◎のばすべきか，それとも計画を やめるべきか，今の自分の考え をワークシートに書きましょう。 ・これまでに学習した知識を活用 して考えさせるようにする。		

		【計画通りのばすと】	＊資料④
3．山田伊丹線をのばすことによってどのようなメリット・デメリットが起こるのか，全体で確認する。【Ⅲ：解決策の吟味】	○山田伊丹線をのばすと，どんなことが起こりますか，また，のばさないとどんなことが起こりますか。発表しましょう。・それぞれの立場を選択することによって，どのようなメリット，デメリットがあるかが分かるように，黒板に整理する。	・お金がかかる。・災害の時，救助しやすくなる。・駅に行くのが便利になる。【計画をやめると】・お金を別のことに使える。・道が狭くてあぶない。・誰も引っ越さなくてよくなる。	伊丹市の財政状況
4．最終の自分の考えをワークシートに書く。【Ⅳ：解決策の選択】	○あなたは，山田伊丹線を計画どおりのばす方がいいと思いますか，それとも計画をやめる方がよいと思いますか。自分の考えを理由もつけて書きましょう。		◎ワークシート【思考，判断，表現】
5．振り返りを書く。	○今日の学習を通して，「もっと調べてみたい」と思ったことを，理由もつけてノートに書きましょう。		◎ノート【主体的に学習に取り組む態度】

6 既習知識の活用による事実の分析的検討の実際

Ⅰ：問題の発見・把握

　まず，子どもに論争問題があることに気付かせる。そこで，二枚の写真を提示する。二枚の写真は，都市計画道路（山田伊丹線）の工事完了区域の両端を写したものである。

　この場所は校区にあり，子どもたちはよく知っている。しかし，そこに論争問題があることには気付いていない。

「問題の発見・把握」場面の板書

二枚の写真を比較させたり，地図で場所を確認したりすることで，「道路が途中でなくなっている」ことに気付かせる。

　そして，「どちらの場所もこの先に道路を造る計画がある」と説明し，校区内の計画道路を造るだけで約15億円かかることや，予定地を除いて大部分が完成していることを資料から読み取らせる。子どもはこれまでに伊丹市の財政や道路の必要性について学習している。

　また，道路が造られる予定地には，多くの家が建っていることを知っている。これらの事実から，子どもは「道路は本当に必要なのか」という論争問題を発見，把握することとなる。

Ⅱ：解決策の選択①

　この論争問題は，「造るべきか」「やめるべきか」の二択である。子どもはこれまでに習得した知識や生活経験をふまえて選択することとなる。

Ⅲ：解決策の吟味

　それぞれの解決策を選ぶと，どんなことが起こるのかを未来予測する。この未来予測の際に，これまでの学習で習得した知識や生活経験を活用することとなる。

例えば，「道路を造る」のであれば，「災害の時，救助がしやすくなる」「他の道路の渋滞が減る」「造るのにお金がかかる」「予定地に住んでいる人は引っ越さなくてはならない」などの未来予測ができる。

　また，「計画をやめる」のであれば，「他のことに使えるお金ができる」「誰も引っ越しをしなくてすむ」「道路が狭くて，車が通ると危ない」「駅まで行くのに時間がかかる」などの未来予測ができる。

　次に，出てきた未来予測を仲間分けし，キーワードをつけて比較する。例えば，「道を造ればお金がかかる」「道を造らなければ，そのお金を福祉などに使える」といった未来予測が出ていれば，それぞれをつなぎ，「お金」というキーワードでまとめる。このように書いた未来予測を仲間分けしてキーワードをつけて比較することで，「お金の面で考えると，他のことに使えるようになるから，道を造らないことにメリットがある」のように，「造る」「やめる」双方のメリット，デメリットを明確にすることができる。

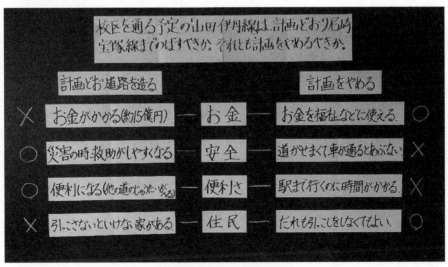

「解決策の吟味」場面の板書

この解決策の吟味は，クラス全体で行う。なぜなら，子どもは自分が選ぶ選択肢の「メリット」しか見えていないからである。クラス全体で話し合うことで，一人では気付かなかった双方のメリット，デメリットに気付くことができる。

Ⅳ：解決策の選択②

　解決策の吟味によって明確にした双方のメリット，デメリットをふまえて，最終的に自分はどちらの解決策を選ぶのかを選択する。

　理由を書かせる際には，「○○を選ぶと，○○というよい部分があるけど，私はそれよりも○○が大切だと思うから，○○の方がよい」のように，キーワードを使って，それぞれの未来予測も入れながら書かせるようにする。

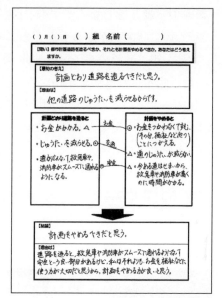

ワークシート

7　「主体的に学習に取り組む態度」の評価

　本単元では，学習の最後に，「もっと調べてみたいことはありますか」という問いを「振り返り発問」として設定する。例えば，次のような内容の振り返りをしたとする。

　子ども①は，「引っ越さないといけない家がある」ということをデメリットとして分析していた。しかし，実際に住んでいる人にとって，これがマイナス要素ではなければ，デメリットではなくなる。

　また，子ども②は，道ができると，道幅が広がり，歩道ができるため安全になるという考えに対する批判的思考である。交通量が増えることで事故が増えるという根拠があれば，道ができることがデメリットとなる場合もある。

子ども①：道路を造ると，引っ越しをしないといけない人がいるけど，実際に住んでいる人
　　　　　たちはどう思っているのか調べたいです。
子ども②：道ができると，歩道ができて安全になるかもしれないけど，車の交通量が増えて
　　　　　しまったら，それで事故が増えるかもしれないから，交通量が多い道の事故の件
　　　　　数を調べてみたいです。

　この子ども①，②ように，「これがわかれば，道ができるメリット・デメリットを明らかにすることができる（もしくは，メリット・デメリットだと思っていたことをくつがえす）」という振り返り発問を書けていれば，A評価とする。

　また，次のような内容の振り返りをしたとする。

子ども③：道を造ると，何件くらい引っ越さないといけない家があるか調べてみたいです。

　子ども③は，「引っ越さないといけない家がある」という既習知識に対して，その内容を深めるための問いである。メリット・デメリットを明らかにしたり，覆したりする問いではないため，B評価とする。

　意志決定学習で大切なことは，「何を選択したか」ではなく，「どのように考えたか」である。「より正しい価値判断，意志決定をするためには，多くの知識が必要だ」ということに気付かせることも，意志決定学習を行う重要な役割である。

（戸田　征男）

【註・引用・参考文献】
(1)大島泰文「社会科における『主体的に学習に取り組む態度』の評価方法の開発」日本社会科教育学会『社会科教育研究』No.139，2020，pp.1-12
(2)「探究Ⅱ」の学習過程については，米田豊「『習得・活用・探究』の社会科授業づくりと評価問題」米田豊編著『「習得・活用・探究」の社会科授業＆評価問題プラン　小学校編』明治図書，2011，pp.7-21に詳しい。米田は，「探究Ⅱ」の学習過程を「①新たな社会事象への応用」「②深まった問いの発見，探究」「③価値分析・未来予測」とまとめている。

1 対話により単元の「見通し」をもつ 社会科授業＆評価プラン

1 単元の「見通し」をもつとは

①なぜ「見通し」をもつことが大切なのか

『小学校学習指導要領（平成29年告示）解説　社会編』では，主体的な学びについて，次のように述べている。

> 主体的な学びについては，児童生徒が学習課題を把握しその解決への見通しを持つことが必要である。そのためには，単元などを通した学習過程の中で動機付けや方向付けを重視するとともに，学習内容・活動に応じた振り返りの場面を設定し，児童生徒の表現を促すようにすることなどが重要である。[1]

　子どもたちが問題意識をもち，主体的に学習に取り組むためには，子ども自身がどのような問題を解決しようとしているのかを自覚することが不可欠である。そのためには，単元の導入段階で，どのような問題（単元を貫く学習課題）をどのように解決するのかを子ども自身に考えさせるとよい。

②単元を貫く学習課題の設定

　子どもが解決したいと思う学習課題を設定するためのポイントは，子どものもつ社会認識とズレのある資料を提示することで，「なぜだろう？」「どうしてだろう？」という疑問をもたせることである。

　本稿で紹介する実践例「火災からくらしを守る（第3学年）」の導入段階では，まず，「火事が起きたとき，誰が，どのように火を消すのだろう」と問いかける。子どもたちは，これまでの生活経験の中から，「消防士がやって来て，水をかけて火を消す」と答えることが予想される。次に，火事現場のイラストを見せ，火事現場には，消防士のほかにも，警察官や救急隊，ガス会社や電力会社の車があることに気付かせる。ここで，子どもたちの生活経験と事故現場のイラストから生まれたズレをきっかけに，「誰が，どのよ

うにして，火事からわたしたちのくらしを守っているのだろう」という単元を貫く学習課題を設定することができる。

③単元の「見通し」をもつためには

　子どもの主体的な学びを実現するためには，子ども自身が単元をとおして学習内容を把握することが必要である。教師から一方的に学習課題を与えるのではなく，子ども自身が学習内容を検討し，計画を立てることが，単元の「見通し」をもつことにつながる。

　単元の導入段階で単元計画を立てる活動を設定することで，子どもが目的意識をもち，主体的に毎時間の学習に取り組むことができる。

　本稿では，単元の学習計画を立てる手順を次のように示す。

① 　単元を貫く学習課題に対する予想を立てる。

② 　予想を分類し，グループ名をつける。

③ 　分類したグループを検証する順番に並べる。

■2 対話を組み込んだ単元計画の設定

　本稿では，前述の②（予想を分類し，グループ名をつける）の過程において，対話を組み込んだ活動を設定する。

　なお，ここでは，対話を「自己内対話」と「他者との対話」の二つに分け，「自己内対話」と「他者との対話」を往還することで，単元計画を立てる活動を設定する。「自己内対話」とは，個人の頭の中で考えることを意味する。また，「他者との会話」とは，自分の考えと他者との考えを比べ，同じ点や違う点に気付き，より適した考えを見つけ出そうとするやりとりを意味する。

　「他者との対話」を行うにあたっては，お互いが自分の考えをもっていることが前提となる。そのため，まず，「自己内対話」によって予想を分類し，自分の考えをもつ。

　次に，「他者との対話」を行う。本稿では，「他者との対話」に，子ども同士のペア対話を取り入れる。ペア対話のよさは，クラス全体では発言できな

い子どもでも，自分の考えを安心して話しやすいことにある。対話の相手を自由に選択させ，「10分間で，3人以上の人と対話しよう」という具体的な目標を示すことで，子どもたちの積極的な対話を促すことができる。ペア対話をとおして気付いた自分と友達の考えの共通点や相違点は，ワークシートにメモしておく。

そして，ペア対話の後，友達の考えをふまえたうえで，再び「自己内対話」を行い，最終的な考えを導き出す。

「自己内対話」から「他者との対話」，そして，再び「自己内対話」を行うことにより，単元を貫く学習課題を解決するために，自分達が何を検証していくのかを明確に理解することができるようになる。

■3 対話の成果を対象とした「主体的に学習に取り組む態度」の評価プラン

1と2で論じたことをもとに，ワークシートを作成し，次頁図1に示す。

まず，単元を貫く学習課題に対して立てられた予想を個人で分類し，1欄に記述する。次に，1欄をもとに，ペア対話を行う。その際，自分の考えと友達の考えを比較し，共通点や相違点を2欄にメモしておく。さらに，ペア対話をとおして得た友達の考えをふまえて，もう一度分類を行い，3欄に記述する。最後に，振り返りを行い，自分の考えがどのように変わった（増えた，決まった）かを4欄に記述する。

「主体的に学習に取り組む態度」の評価にあたっては，2欄と4欄の記述を評価対象とする。2欄からは，「ペア対話（他者との対話）」の成果を見取る。また，4欄からは，「自己内対話」をとおして，自分の考えがどのように変わった（増えた，決まった）のかを見取る。そして，2欄と4欄の記述を総合的に判断し，評価を行う。

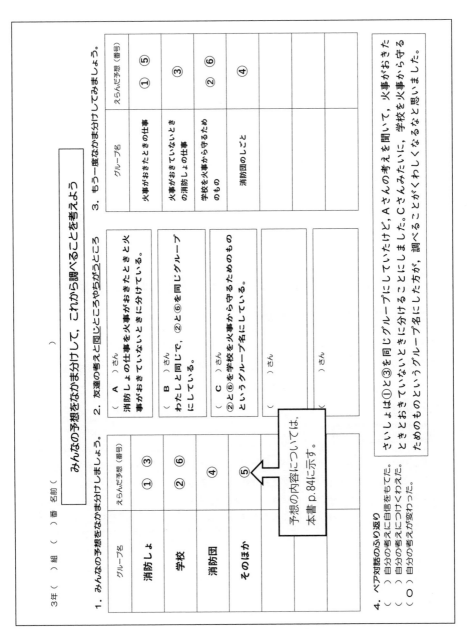

図1　ワークシートと子どもの記述例

子どもが記述した対話の成果を，表1に示す規準で評価する。

表1 「主体的に学習に取り組む態度」の評価規準

評価	評価規準の具体
A	ワークシートの2欄に，自分の考えと友達の考えの類似点や相違点を記述している。また，ワークシートの4欄に，自分の考えが，誰の，どのような考えで変わった（増えた，深まった，決まった）のかを記述している。
B	ワークシートの2欄に，自分の考えと友達の考えの類似点や相違点を記述している。また，ワークシートの4欄に，自分の考えが，誰の考えで変わった（増えた，深まった，決まった）のかを記述している。
C	A，Bの基準を満たしていない。

子どもの記述をもとにした評価例は，本書 p.86に示す。

4 対話により単元の「見通し」をもつ社会科授業プラン

1 本時（第2時及び3時）の目標

・単元を貫く学習課題に対する予想を分類し，これから検証していく学習課題を明確にすることができる。また，自分の考えの変容（「変わる」「増える」「深まる」「決まる」）を記述することができる。【主体的に学習に取り組む態度】

2 本時の授業仮説

| ★1 | ：ペア対話をとおして自分と友達の考えを比較させ，気付いたことをもとに再検討させることで，検証すべき学習課題を明確にすることができるであろう。 |
| ★2 | ：ワークシート（図1：1～4欄）に振り返りを記述させることで，自分の考えの変容（「変わる」「増える」「深まる」「決まる」）をとらえさせることができるであろう。 |

3 学習指導過程

学習活動	○発問 ◎指示 ◇確認 ・指導上の留意点	・予想される子どもの反応	＊資料 ◎評価
1．単元を貫く学習課題を設定する。	○火事が起きると，誰が，どうやって火を消すのでしょう。 ◎イラストを見て，火事現場でどんな人が，何をしているか確認しよう。	・消防士さんが来て火を消す。 ・消防車のホースから水を出して消す。	＊資料① 火事の写真 ＊資料②(2) 火事現場のようす（イラスト）

| | ・火事現場にかけつけるのは，消防士だけではないことに気づかせる。 | ・消防士がはしご車から放水している。
・警察官が交通整理をしている。
・けがをした人を救急車に乗せている。
・ガス会社の車があるけど，何をしに来たのだろう。 | |

単元を貫く学習課題
誰が，どのようにして，火事からわたしたちのくらしを守っているのだろう。

2．学習課題の答えを予想する。 （ノート）	◎単元を貫く学習課題の答えを予想しましょう。 ・次時に予想を分類しやすいように，番号をつけておく。	①119番に電話すると，消防署からすぐに消防車が来てくれる。 ②学校では火事が起きたときのために避難訓練をしている。 ③消防署の人がパトロールしている。 ④消防団の人が火を消す手伝いをしている。 ⑤ガス会社や電力会社の人がガスや電気を止め，火事を広げないようにしている。 ⑥学校には消火器があるから，消防車が来る前に火を消すことができる。	
3．予想を分類する。 （個人・ワークシート1欄）	◎みんなの予想をなかま分けして，これからみんなで調べていくことを考えましょう。 ・前時に出た予想を短冊に書いておき，黒板で操作しながら，なかま分けの方法を確認する。 ◎なかまごとに，グループ名をつけましょう。	・グループ分けの一例 消防署…①③ 学校…②⑥ 消防団…④ その他…⑤	＊資料③ 前時に出た予想
4．ペア対話を行う。 （ペア・ワークシート2欄）	◎10分間で，3人以上の人とペア対話をしましょう。 ・対話をしやすいように，ペアを自由に決めさせる。 ◎自分の考えと同じところやちがうところをワークシートにメモしましょう。		

5．分類を再検討する。（個人・ワークシート3欄）	◎友達の考えを参考にして，もう一度なかま分けをしてみましょう。		
6．なかま分けの結果を発表し，学習計画を立てる。	◎どんなグループに分けたかを発表しましょう。 ・友達の発表を聞き，参考になる考えがあれば，ワークシートの2欄に追記させる。 ◎調べる順番をみんなで決めましょう。	・学習計画の一例 1．119番のしくみ 2．火事が起きていないときの消防署の仕事 3．学校の消防設備 4．消防団の仕事	
7．振り返りを書く。（ワークシート4欄）	◎学習の振り返りをしましょう。 ・誰の，どのような考えによって自分の考えが変わった（増えた，深まった，決まった）かを記述させる。		◎ワークシート【主体的に学習に取り組む態度】

　上記の授業プランは，2時間扱いで計画している。そのため，学習活動1から2を前半，学習活動3から7を後半として設定している。

5 対話により「見通し」をもつ社会科授業の評価

表1の評価規準をもとに，具体的な評価例を示す。

表2 「主体的に学習に取り組む態度」B評価の記述例

2欄の記述	（○○）さん ○○さんは，消防しょの仕事を火事のときと火事のないときで分けている。
4欄の記述	○○さんの分け方がいいなと思いました。

表3 「主体的に学習に取り組む態度」A評価の記述例

2欄の記述	（△△）さん △△さんは，①と⑥のグループ名を学校を火事から守るためのものというグループ名にしている。
4欄の記述	わたしは，予想の②と⑥を学校というグループ名にしていたけど，△△さんの考えたグループ名の方が調べることがよく分かると思い，「学校を火事から守るためのもの」に変えました。

まず，表2の記述例を評価する。2欄の記述からは，自分と友達の考えを比較し，なかま分けの仕方に違いがあることに気付いたことが分かる。4欄の記述からは，友達の考えたなかま分けの仕方に影響を受けたことは分かるが，自分の考えがどのように変容したのかを具体的に記述できていないためB評価とした。

次に，表3の記述例を評価する。2欄の記述からは，自分と友達の考えを比較し，グループ名のつけ方に違いがあることに気付いたことが分かる。4欄の記述からは，友達の考えに影響を受けグループ名を変えたことに加え，「△△さんの考えたグループ名の方が調べることがよく分かる」という理由とともに記述することができているためA評価とした。

6 おわりに

本稿では，単元の「見通し」をもつために，対話をとおして，子ども自身が単元計画を立てる学習活動を提案した。

教師から一方的に与えられた学習課題をこなすのではなく，「他者との対話」と「自己内対話」を繰り返しながら自らの考えを更新し，単元の「見通し」を明らかにしていくことで，単元全体をとおして，子どもの主体的な学びを実現することができる。

子どもに単元計画を立てさせることに不安を感じる方もおられるかもしれない。ときには，教師が想定していないような考えが出たり，学習すべき内容が抜け落ちている場合もあるであろう。そんなときには，単元の途中に，学習してきた内容を振り返る活動を取り入れていただきたい。そして，対話によって単元計画の見直しを行い，柔軟に修正すればよい。

最後に，単元末の「振り返り」について述べる。「見通し」と「振り返り」は一対である。単元末に振り返りを行う場面を設定し，「果たして単元を貫く学習課題は解決できたのだろうか」「授業の中で調べることができなかったことはないだろうか」「新たに浮かびあがった疑問は何だろうか」という問いを考えさせる。その結果，単元の枠を超え，更には授業の枠を超え，子どもたちの探究は続いていく。それこそが，我々教師がめざす，子どもが主体的に学ぶ姿であろう。

（村田　真吾）

【註・引用・参考文献】
(1)文部科学省『小学校学習指導要領（平成29年告示）解説　社会編』2017
(2)池野範男，的場正美，安野功，ほか123名『小学校社会　3年』日本文教出版，2021，p.94，イラスト：木下淑子
・米田豊「中学校社会科地理的分野における事例地域の選択の視点と内容構成」社会系教科教育学会『社会系教科教育学研究』第6号，1994，pp.33-40

2 対話により「予想」を「仮説」へと高める 社会科授業＆評価プラン①

1 予想，仮説の設定における課題

　本稿では，対話により「予想」を「仮説」へと高める社会科授業モデルと評価プランを提案する。

　対話をとおして「予想」を「仮説」に高めるには，一人ひとりの子どもが，学習課題に対して自分の予想を立てられていることが不可欠となる。米田豊に依拠し，予想と仮説を次のように峻別する。予想とは，「学習課題の解を当て推量で示すこと」である。仮説とは，「学習課題の解を既習知識や対話により獲得した内容を活用し，それらを根拠として示すこと」である。

　子どもは学習課題に対して，既習知識や生活経験をもとに予想を立てる。また，当て推量で直観的に予想を立てることもある。しかし，第3学年の場合，学習課題の予想を立てることが難しく，何も書けない子どももいる。

　その理由として，「既習知識の少なさ」があげられる。第3学年から社会科の授業が始まったばかりの子どもは，まだ予想を立てる際に活用される既習知識が少ない。本稿で授業モデルを提案する単元「店ではたらく人びとの仕事」は，第3学年の内容「地域に見られる生産や販売の仕事」に関するものであり，社会科の内容「現代社会の仕組みや働きと人々の生活」に区分されている。子どもにとっては，「現代社会の仕組みや働きと人々の生活」について学ぶ最初の単元である。第1，2学年における生活科の授業でも「学校，家庭及び地域の生活に関する内容」の中で，自分たちの身の回りの様々な仕事や，それらの仕事に携わっている人たちについて知る活動を行っている。しかし，ここでは「自分たちの生活は様々な人や場所と関わっていることが分かる」ことを目標としている。つまり，店で働く人々がどのような工夫をしているか，具体的に考える活動は行われていない。そのため，学習課

題に対して，予想を立てる際の既習知識が，十分に習得されているとは言えない。

　また，「子どもの生活経験」も理由として考えられる。コンビニエンスストアやネットスーパーの利用者が増え，販売の仕事も多様化している。そのため，消費活動については，子どもの経験は多様である。第3学年において，各家庭が買い物で利用している店を調査したところ，スーパーマーケットを利用する家庭が一番多かった。一方，ほとんどの買い物をコンビニエンスストアで済ませている家庭もあり，本稿で取り上げるスーパーマーケットに馴染みがない子どももいた。

　このように，既習知識やスーパーマーケットに関する生活経験の少なさによって，学習課題に対して予想を立てることが難しい子どもがいると考える。そこで，すべての子どもが予想を立て，その後の対話に参加できるような手立てを示す。

■2　予想を設定するための写真資料の提示

　本稿の授業プランでは，あらかじめ子どもが予想を立てるために必要な写真資料を提示する。写真資料には，直接体験できないことを補い，経験に替わる間接体験や疑似体験を与える役割がある[1]。また，写真資料を提示することにより，既習知識や生活経験の少ない子どもも新たな知識を得ることができ，すべての子どもが予想を立てることができる。自分の予想を伝え合うときは，予想だけではなく，その根拠となる写真資料からの情報も伝えることが大切である。

■3　対話を組み込んだ予想・仮説の設定

　対話には，学習課題に対して，自分の考えをもったり資料や他者からの情報を吟味したりする「自己内対話」や，グループやクラスでお互いの考えを

伝え合う「他者との対話」がある。対話は，課題解決の手段の一つである。自己や他者との対話をとおして，課題に対する自分の考えを深めることができる。そこで，本稿の授業プランでも，予想を立て，それを仮説へと高める手段として，「自己内対話」と「他者との対話」を取り入れる。

　買い物調べの結果，スーパーマーケットの利用者が一番多いということが分かり，子どもの中には，「どうしてスーパーマーケットで買い物をする人が一番多いのかな」と疑問が浮かぶ。この疑問を，共通の学習課題（複文型の「なぜ疑問」）「なぜ，いろいろなお店があるのに，スーパーマーケットで買い物をする人が多いのだろう」として把握させる。

　予想を立てる段階では，2で述べたように，写真資料を3枚提示する。図1〜図3に示す。

図1　飲料の陳列棚

図2　値引きされた品物

図3　魚をさばく店員

写真資料を提示しても予想がスムーズに立てられない子どもには，「○番は何の写真かな。何か気付いたことはないかな」と写真資料を指定し，具体的な質問をすることで，予想を立てられるように支援する。このように，写真資料を活用することで，子どもは学習課題に対して予想を立てられるようになる。

　予想を仮説へと高める段階では，子どもどうしで対話を行う。具体的には，小グループの中で順番に，参考にした写真資料と予想を発表させる。聞き手は，自分が立てた予想と比べながら話し手の考えを聞く。自分の予想との共通点や相違点を探しながら話し手の考えを聞くことで，自分では思いつかなかった考えを知ることや，自分と共通する内容に気付くことができる。対話後の振り返りで，自分の最終的な予想を書かせる。その中で，他者の考えを受けて自分の考えがどのように「変わった」（または「増えた」「深まった」「決まった」）のかを書かせることで，対話の成果を評価することができる。

■4　「主体的に学習に取り組む態度」の評価プラン

　1〜3で論じたことをもとにワークシートを作成し，次頁図4に示す。

　はじめに，学習課題に対して，写真資料からの情報を参考にしながら一人で予想を立てる。既習知識や生活経験から予想を立てられる児童は，資料を参考にしなくてもよい。そして，自分の予想と参考にした写真資料の番号をA欄に記述する。次に，A欄の記述をもとに小グループで対話をする。子どもには，自分が立てた予想と比べながら，話し手の考えを聞くように指示する。対話後，最終的な予想をB欄【振り返り①】に記述する。また，自分の考えが「変わる」（または「増える」「深まる」「決まる」）きっかけとなり，最終的な予想につながった友達の発言と，自分の考えがどのように変化したかをB欄【振り返り②】に記述する。

　「主体的に学習に取り組む態度」の評価対象は，B欄【振り返り②】の項目である。子どもが記述した対話の成果を，表1に示す規準で評価する。

「店ではたらく人びとの仕事」　　　　　　　　　名前＿＿＿＿＿＿＿

【学習課題】なぜ，いろいろなお店があるのに，スーパーマーケットで買い物をする人が多いのだろう。

資料①

資料②

資料③

A　学習課題に対する予想を書きましょう。また，さん考にした資料の番号を□の中に書きましょう（さん考せずに予想を立てた場合は，番号は書きません）。

①	しょう品をしゅるいごとにならべていて，わかりやすいから。
③	お店で調理しているので，しんせんだから。
□	広いちゅう車場があるから。

B　【振り返り①】最終的な予想を書きましょう。

さん考にした人の名前（　A　）さん　（　B　）さん　（　C　）さん
・しゅるいや品数が多いため，買う人が好きなものを選べるようになっている。
・お店で調理しているため，しんせんで安全なしょう品を買うことができる。

　【振り返り②】あなたの考えが「変わる」（または「増える」「深まる」「決まる」）きっかけとなり，最終的な予想につながった発言を書きましょう。

　Cさんも自分と同じように「お店で調理していて，しんせんで安全だから」と予想していて，自分の予想に自しんをもつことができた。

　AさんとBさんはしょう品のしゅるいや品ぞろえに注目していて，その意見にとてもなっとくした。なぜかというと，自分もりょう①を見てそう思ったから。だから，自分の予想にもついかした。

図4　本時のワークシートと子どもの記述例

表1 「主体的に学習に取り組む態度」B欄【振り返り②】の評価規準

評価	評価規準の具体
A	対話の中で，自分の考えが「変わる」（または「増える」「深まる」「決まる」）きっかけとなった発言を**複数**示している。また，それらの発言を受け，自分の考えがどうなったのかを記述している。
B	対話の中で，自分の考えが「変わる」（または「増える」「深まる」「決まる」）きっかけとなった発言を示している。また，その発言を受け，自分の考えがどうなったのかを記述している。
C	A，Bの基準を満たす内容を記述していない。

　図4【振り返り②】では，AさんやBさんの発言を受け最終的な予想が追加されたこと（考えが「増える」「決まる」），Cさんの発言を受け自分の予想に確信がもてたこと（考えが「深まる」「決まる」）が分かる。このため，A評価と判断できる。

■5 対話により「予想」を「仮説」へと高める社会科授業モデル

1 本時の目標

①　写真資料からの情報をもとに，学習課題に対して予想を立てられている。　　　　　　　　　　　　　　　　　　　　　　【思考，判断，表現】

②　対話の中で自分の考えが「変わる」（または「増える」「深まる」「決まる」）きっかけとなった発言を示し，最終的な予想が立てられている。
　　　　　　　　　　　　　　　　　　　【主体的に学習に取り組む態度】

2 本時の授業仮説

> ★1：学習課題に対して予想を立てる段階で，課題に関連する3枚の写真資料を提示する。この手立てにより，本時の目標①に到達させることができるであろう。
>
> ★2：小グループでの対話の中で，自分の予想との共通点や相違点を探しながら，話し手の予想を聞かせ，自分の考えが「変わる」（または「増える」「深まる」「決まる」）きっかけとなった発言を，二つに分けてワークシート（図4－B欄の振り返り②）に記述させる。この手立てにより，本時の目標②に到達させることができるであろう。

3 学習指導過程

学習活動	○発問 ◎指示 ◇確認 ・指導上の留意点	・予想される子どもの反応	＊資料 ◎評価
1．本時の 学習課題 を把握す る。	◎前回は，買い物調べの結果を表にまとめました。おさらいをしましょう。 ○家の人はどんなお店で買い物をしていましたか。 ・普段，家の人が色々なお店で買い物をしていることを確認させる。 ○どのような種類の品物が１番買われていますか？ ・資料①を提示し，買ったものの中では，食料品が一番多いことを確認させる。	 ・スーパーマーケット。 ・コンビニエンスストア。 ・ネットスーパー（amazon・楽天など）。 ・専門店（肉屋・文房具屋など）。 ・食料品が１番多い。	 ＊資料① 買い物 調べの 結果を まとめ た表

買い物調べのけっか

お店の しゅるい	品物の数としゅるい （○食料品　△日用品　□その他）
スーパー マーケット	○○○○○○○○○○○○○○○○○○○○○○○ ○○○○○○○○○○○○○○○○○○○○○○○ ○○○ △△△△△△△△△△△△△△△△　□□□□□
コンビニ エンスス トア	○○○○○○○○○○○○○○○○○○○○○○○ △△△△△△△△△△ □□□□
せんもん 店	○○○○○○○○○○ △△△△△△△△△ □□□□□□□□□□□
ネット スーパー	○○○○○ △△△ □□□□□□□□

	○家の人が一番よく買い物をしているのは，どの種類のお店ですか。 ・スーパーマーケットで買い物をしている人が多いことを確認させる。	・スーパーマーケット。	＊資料① 買い物 調べの 結果を まとめ た表

	◇他のクラスでも，買い物調べの結果を表にまとめたら，スーパーマーケットでの買い物が一番多くなりました。	・どうして，スーパーマーケットで買い物をする人が多いのかな？ ・何か工夫していることがあるのかな？	＊資料② 他のクラスの買い物調べの結果をまとめた表

学習課題

なぜ，いろいろなお店があるのに，スーパーマーケットで買い物をする人が多いのだろう。

| 2．予想，仮説を設定する。 | ◇これは，スーパーマーケットの店内を写した写真です。
◎写真を参考にして，ワークシートに，課題に対する予想を書きましょう。
（図4－A欄）
図1：飲料の陳列棚
図2：値引きされた品物
図3：魚をさばく店員
の3枚の写真資料を提示する。

★1 本時の授業仮説に関わる手立て

・一人で予想を立てることが難しい子どもには，写真資料を指定し，見るポイントを伝える。 | 〈写真資料からの予想〉
・品物の数が多いから。
・同じ品物でも，色々な種類のものが置いてあるから。
・種類ごとに並べていて分かりやすいから。
・安売りの品物があるから。
・お店で調理しているので，新鮮だから。
〈写真資料以外での予想〉
・レジがたくさんあり，混まないから。
・広い駐車場があるから。
・通路が広く，車いすやベビーカーも通りやすいから。
・地域でとれた野菜を売っているから。 | ＊資料③
スーパーマーケットの店内の写真（図1，図2，図3を参照）
◎ワークシート
【思考，判断，表現】 |

3．グループで対話する。	◎グループで予想を発表しましょう。 ・自分の予想との共通点や相違点を探しながら，話し手の予想を聞かせる。 ・参考にした写真資料を示しながら，一人ずつ自分の予想を発表させる。	・①の写真を見ると，飲み物がたくさん置いてあり，品揃えがいいから，買い物をする人が多いと思いました。 ・Ａさんに付け足しで，①の写真を見ると，同じジュースでも，いろいろな種類のジュースが置いてあるから，自分の好きな品物が見つかるのではないかと思いました。	
★2 本時の授業仮説に関わる手立て			
4．振り返りを書く。	◎今日の振り返りを書きましょう。（図4－B欄） ・振り返りには，最終的な予想と，自分の考えが「変わる」（または「増える」「深まる」「決まる」）きっかけとなった，友達の発言を記述させる。		◎ワークシート【主体的に学習に取り組む態度】

4 次時以降の展開

　本時で設定した最終的な予想をクラス全体で共有し，①品物の種類，②品物の並べ方，③品物の値段，④品物の品質，⑤その他の五つのカテゴリーに分類する。

　その後のスーパーマーケットの見学では，店内の観察やお店の人へのインタビューをクラス単位で行い，五つのカテゴリーについて調査させる。現地で調査する中で，授業の中では予想としてあがらなかった，スーパーマーケットの工夫（「子ども向けのお菓子売り場は，陳列棚の高さが低くなっていること」など）に気付く子どももいると予想される。気付いたことはメモを取らせ，その後の，お店の人へのインタビューで確認させることにより，新たな知識の獲得に繋げる。そして，次の5点を含む，スーパーマーケットの工夫に関連する知識を習得させる。

①「品物の種類が多いから，スーパーマーケットで買い物をする人が多い」

②「品物が種類ごとに分けて並べられていて，分かりやすいから，スーパーマーケットで買い物をする人が多い」

③「タイムセールや安売りの日があり，品物の値段が安いから，スーパーマーケットで買い物をする人が多い」

④「魚やお惣菜をお店で調理しているため，新鮮な品物が買えるから，スーパーマーケットで買い物をする人が多い」

⑤「駐車場が広く，車が沢山停められて便利なため，スーパーマーケットで買い物をする人が多い」

■6 おわりに

　本稿では，社会科の授業が始まったばかりである第3学年の子ども一人ひとりが，学習課題に対して予想を立てられるよう，写真資料を活用することを提案した。写真資料を提示することによって，子どもは資料からの情報を参考にして，予想を立てやすくなる。また，その後の他者との対話では，自分の予想と相手の予想の共通点や相違点を探しながら話を聞かせる。この手立てにより，自分の予想に自信をもつことや，一人では思いつかなかった内容に気付くことができ，「予想」を「仮説」へと高めることができる。さらに，ワークシートの振り返りを見ることで，対話を通して考えがどう変わったかが分かり，「主体的に学習に取り組む態度」について評価することができる。

（坪井　陽佑，関灘　琢司）

【註・引用・参考文献】
(1)金子邦秀「写真・図俵の活用」日本社会科教育学会『新版　社会科教育事典』ぎょうせい，2012，p.258

3 対話により「予想」を「仮説」へと高める社会科授業＆評価プラン②

1 「主体的に学習に取り組む態度」を育成するための教員の役割

　第1章において，米田豊は，「主体的に学習に取り組む態度」を育てるために重視する点として次の三点を挙げている。

---

①　子どもが「社会科授業が楽しい」と考えるのは，「主体的に学習に取り組む態度」の現れである。
②　「主体的に学習に取り組む態度」は，子どもがもともともっているものではなく，教員が育てるものである。
③　「主体的に学習に取り組む態度」は，認識内容（知識，理解）とともに育てるものである。

　これらは，どれか一つの条件を満たしていればよいというものではない。例えば，①のみを重視する授業は，いわゆる「活気のある授業」として評価される傾向がある。しかし，授業者が満足していたとしても，そこに生じた子どもの主体性は，すぐに消失してしまい，最終的に「何がわかったのか」を子どもに問うても，印象に残っている場面の発言に留まる。子どもにとっての楽しさを重視しすぎるあまり，とっておきの資料を提示したり，エピソードを伝えたりすることに終始する授業に陥ることは避けなければならない。

　そこで，「主体的に学習に取り組む態度」を認識内容とともに育てるという③が重要になる。そのためには，「主体的に学習に取り組む態度」を教員が育てるという②が不可欠となる。

　第1章において，米田豊は，「授業の対話」を「自己や他者とのやりとりをとおして，自分の考えを更新，深化（考えが「変わる」「増える」「深まる」「決まる」）する活動」であると定義している。そこでは，いかにして教

員が対話を組織し，「主体的に学習に取り組む態度」を認識内容とともに育てるかが重要になる。教員が対話の場を設定し，考えを表現させるだけでは，子どもは，自分の考えを更新，深化させることはできない。対話による考えの更新，深化は，子どもの学習環境を整える立場にある教員の具体的な手立てがあってはじめて図られるのであり，その点について教員は自覚的でなければならない。

そこで，本稿では，次の3点を重視した第4学年「自然災害から命を守る」の授業プランを示す。

---

① 教員による子どもの仮説の想定
② 既習事項を想起させる場面の設定
③ 選択，判断を組み込んだ対話

■2 対話をとおして「主体的に学習に取り組む態度」を 育成するための教員の手立て

①教員による子どもの仮説の想定

対話を行うためには，自らの考えを他者に表現することが求められる。当然のことながらその前提として，自らの考えをもつことが必要となる。当て推量ではなく，既習知識をもとに自分の考えをもてるようにするためにも，教員がこれまでの学習とこれから行う学習の関連を明らかにし，「おそらく子どもは，Aの知識を活用してBという仮説をつくるであろう」という仮説をもつ必要がある。

例えば，本稿において示す第4学年の「自然災害から命を守る」の単元における授業プランは，子どもが第3学年の「安全なくらしを守る人びとの仕事」において習得した知識を活用して仮説を設定することを想定している。後に示す「なぜ，北淡町の人たちは，短い時間でたくさんの人を助けることができたのだろう」という学習課題に対しては，子どもが第3学年で習得した消防署のしくみや地域の人びととの連携といった知識を活用し，「消防団

は，地域の人が入っているし，日頃から訓練をしているからたくさんの人を助け出すことができる」という仮説を設定することを想定している。

　また，学習前にアンケート調査を実施し，これから学習する内容について，個々の子どもがどの程度の知識を保有しているかを明らかにしておくことで，教員の想定する仮説もより確かなものとなる。アンケートをとおして，子どもが地域の行事に参加する傾向が高いことが明らかになれば，「北淡町の人たちは，日頃から地域の人たちが集まる機会があり，お互いのことをよく知っていた。だから，近くに住んでいる人の救助に向かう人が多かった」という仮説を設定することが想定される。

　この他にも，第5学年の産業学習は，農業，水産業，工業などが連続して関連しており，教員が比較的仮説を想定しやすい学習であるといえる。

②既習事項を想起させる場面の設定

　学習課題に対して，「予想してみましょう」「ペアで話し合いましょう」と教員が促すだけでは，活動的であっても形式的な授業となり，子どもが主体的に学習に取り組むようにはならない。それを回避するためにも，まずは，既習事項を想起させる問いを教員が用意する必要がある。例えば，「なぜ○○だろう」と問うた後に，「○○の学習を思い出して，自分の考えを書いてみよう」と促す方法が考えられる。また，学習課題に入る前に，「○○の学習では，どのようなことが分かりましたか」と問うことも有効な方法となる。

　後に示す授業プランでは，授業の導入において，「火事が起こった現場では，誰がどのような活動をしますか」という問いを用意することで，既習事項を想起させるようにしている。この際，補助資料として「火災の現場のイラスト」を示し，誰がどのような活動をしているかを具体的に確認させるようにしている。この他にも，教員がこれまでの学習を整理した板書や掲示を提示したり，子どもが作成したノートやワークシートを振り返らせたりする方法も考えられる。そのためには，授業を記録しておくことも重要になる。

③選択，判断を組み込んだ対話

　繰り返し述べるように，子どもが予想を仮説に高めたり，より説得力ある

仮説を設定したりするためには，対話によって自分の考えを更新，深化させ，それを表現する活動が必要になる。そのためには，自分の考えと他者の考えを比較，検討し，自分の考えを見直すことが重要になる。

　そこで，子どもが出した予想や仮説を整理して板書したうえで，「この中で一番自分が納得できる考えはどれだろうか」と問い，子どもに最も納得できる意見を選択，判断させるようにする。選択，判断するには，そのための根拠が必要となり，根拠を明らかにすることにより，予想が仮説に高められるとともに，仮説はより説得力をもつものとなる。選ぶという行為は，人が能動的に行う行為とされており，「主体的に学習に取り組む態度」を後押しするものとなる。

　「なぜ，北淡町の人たちは，短い時間でたくさんの人を助けることができたのだろう」という学習課題に対しては，「地域の人たちが協力したから」「消防団に入っている人がたくさんいて，消防団の人達が現場にかけつけたから」「火事が起こらなかったから」等，複数の予想や仮説が出される。ここから，一番自分が納得できる考えを選択させ，その根拠を問うことにより，「地域の人たちが協力したのだと思う。なぜなら，近所の人は顔見知りだし，誰がどこに住んでいるかも知っているから，みんなで声を掛け合って，助け出すことができる」「消防団に入っている人がたくさんいたからだと思う。消防団は，地域の人たちが入っているし，日頃から訓練をしているからたくさんの人を助け出すことができる」といった仮説を設定することができるようになる。ここで，それぞれが設定した考えをもちより，クラス全体の対話を行うことで，自分の考えを更新，深化させる機会がつくられる。学習課題や子どもの実態に応じて，ペアやグループの対話を行うことも考えられる。なお，子どもから複数の予想が出されない場合は，教員が予想の根拠を問うていくことも必要になる。例えば，子どもの予想に対し，「どうしてそういえるのかな」と問うことで根拠を促す。また，「○○よりも○○したほうがよくないかな」と問うなど，教員が意図的に子どもの予想とは対立する意見を示すことより，予想を仮説に高めていくことができる。子どもが自分自身

の意見と教員の意見を比較，検討したうえで，より説得力のある仮説を示すことも一つの選択，判断であるといえる。

　授業の評価は，子どもが最終的な仮説を設定する段階となる「クラス全体の対話を経た振り返り」の記述に対して行うようにする。その際の評価は，表1に示されている「主体的に学習に取り組む態度の評価規準（対話）」にもとづいて行う。

表1　「主体的に学習に取り組む態度」の評価規準（対話）

評価	評価規準の具体
A	対話の中で，自分の考えが「変わる」（または「増える」「深まる」「決まる」）きっかけとなった発言を**複数**示している。また，それらの発言を受け，自分の考えがどうなったのかを記述している。
B	対話の中で，自分の考えが「変わる」（または「増える」「深まる」「決まる」）きっかけとなった友達の発言を示している。また，その発言を受け，自分の考えがどうなったのかを記述している。
C	A，Bの規準を満たす内容を記述していない。

■3 対話により「予想」を「仮説」へと高める
社会科授業モデル

1　本時の目標

・自分の考えが「変わる」（または「増える」「深まる」「決まる」）きっかけとなった考えを選択することをとおして，根拠を明確にした仮説を設定することができる。　　　　　　　　　　　　　【主体的に学習に取り組む態度】

2　本時の授業仮説

> ★：予想や仮説を出し合い，複数の考えを教員が板書する。そして，「この中で自分が納得できる考えはどれだろうか」と問いかけ，自分の考えが「変わる」（または「増える」「深まる」「決まる」）考えを選択，判断させる。さらに，個々の考えを，対話をとおして交流し，最も説得力があると思われる仮説を，根拠を明確にしてノートに記述させる。この手立てにより，本時の目標に到達させることができるであろう。

3 学習指導過程

学習活動	○発問 ◎指示 ◇確認 ・指導上の留意点	・予想される子どもの反応	＊資料 ◎評価
1. 本時の学習課題を把握する。	○火事の災害現場では，誰がどのような活動をしますか。 ○阪神・淡路大震災では，多くの人が建物の下じきになりました。このような人たちは誰に助けられたでしょうか。 ◇実は，ほとんどの人が近所の人たちに助けられました。その理由を一つの地域を例に考えてみましょう。	・消防隊が消火活動をする。 ・消防団が消防隊の活動を手助けする。 ・消防隊。 ・警察。 ・自衛隊。 ・地域の人。 ・消防隊や自衛隊のほうが人をたくさん助けられそうなのに，なぜだろう。 生きうめやとじこめられたときに助けられた人たちの数 消防や警察，自衛隊に助けられた人 約7,900人 近所の人たちに助けられた人 約27,100人	＊資料①(1) 火災の現場 ＊資料②(2) 生きうめやとじこめられたときに助けられた人たちの数
	◎淡路島の淡路市には北淡町という町がありました。北淡町の震災の被害を調べてみましょう。 ・資料③により震源地に近く，被害が大きかったことを捉えさせる。 ・資料④により建物の倒壊があったことを確認させる。 ◎北淡町の人たちの救出活動はどのようなものだったのでしょうか。調べてみましょう。	・震源地に近い。 ・震度7。 ・たくさんの家が壊れている。 5：46 地震発生 9：00 51人救出 14：30 約300人救出（救出作業完了） 16：52 被害の発表（行方不明0人） ・約300人の救出活動が約8時間で完了している。 ・たくさんの家が壊れているのに，	＊資料③(3) 阪神・淡路大震災の被害 ＊資料④(4) 北淡町の被害 ＊資料⑤(5) 地震当日の北

	・資料⑤から救出活動の時間を確認させる。	どうして，こんなにはやく救助ができたのかな。	淡町の人たちの救助活動

学習課題

なぜ，北淡町の人たちは，短い時間でたくさんの人を助けることができたのだろう。

2．予想，仮説を設定する。	◎ノートに，学習課題に対する予想を書きましょう。		
	◎予想を発表しましょう。 ・ここでは，自由に予想や仮説を発表させ，教員が意見を整理して板書していく。	・地域の人たちが協力したから。 ・たくさんの人が消防団に入っていたから。 ・火事が起こらなかったから。	
3．クラス全体で対話する。 ★本時の授業仮説に関わる手立て	◎この中で一番納得できる考えを選び，理由をつけて発表しましょう。 ★自分が最も納得できる考えを選択させて発表させるとともに，他者の考えも聞くことを促すことで，考えを比較，検討できるようにする。また，教員が「同じ考え（違う考え）の人はいるか」「付け足しはないか」と問うことで，子どもに発言を促し，対話を活性化させる。	・地域の人たちが協力したのだと思う。なぜなら，近所の人は顔見知りだし，誰がどこに住んでいるかも知っているから，みんなで声を掛け合って，助け出すことができた。 ・地域の人もそうだけど，消防団に入っている人がたくさんいたからだと思う。消防団は，地域の人たちが入っているし，日頃から訓練をしているからたくさんの人を助け出すことができた。	
4．振り返りを書く。	◎今日の振り返りを書きましょう。 ・どのような発言をもとに考えが変わったり，増えたり，深まっ		◎振り返り 【主体

104

| | たり，決まったりしたのかを記述させる。 | | 的に学習に取り組む態度】 |

4 評価の具体

「『主体的に学習に取り組む態度』の評価規準（対話）」に基づいた具体的な評価例は表2のようになる。振り返りの記述をさせる際は，中学年であることをふまえ，はじめの考え，最終的な考え，考えが変わったり，増えたり，深まったりしたきっかけという項目を設け，考えを整理しやすくする。

A評価にあたる記述例として，「消防団の活躍に加え，地域の人たちが普段からいろいろな交流があり，みんながどこに住んでいるかが分かっていたことで，短時間でたくさんの人を助けることができた」という考えを示した。この記述例は，複数の他者の意見を手掛かりにして，自分の考えを増やした子どもを想定している。考えを増やしたことを「消防団の活躍に加え」という表現で表し，そのきっかけも「Dさんの地域の人たちが普段から交流していれば，誰がどこに住んでいるか分かるという発言」というように具体的に記述できている例である。B評価にあたる記述例として，「地域の人たちが普段からいろいろな交流があり，みんながどこに住んでいるかが分かっていて協力できたから」という考えを示した。この記述例は，予想にとどまっていた考えを他者の発言をもとに深めることができた子どもを想定している。A評価と異なる点は，複数の考えとの比較，検討がなされていないことである。ここに，「地震が発生してすぐ消防団が集まるのは難しかったのではないか」といった，他の考えと比較する記述が見られた場合は，A評価となる。

表2 「主体的に学習に取り組む態度」の評価の記述例

評価	評価の例
A	【はじめの考え】 消防団の人が活躍したから。 【最終的な考え】 消防団の活躍に加え，地域の人たちが普段からいろいろな交流があり，みんながどこに住んでいるかが分かっていたことで，短時間でたくさんの人を助けることができた。 【考えが変わったり，増えたり，深まったり，決まったりしたきっかけ】 Dさんの地域の人たちが普段から交流をしていれば，誰がどこに住んでいるか分かるという発言や，Fさんの消防団のようにいつも訓練している人がいないと助けることができないという発言。
B	【はじめの考え】 地域の人たちが協力したから。 【最終的な考え】 地域の人たちが普段からいろいろな交流があり，みんながどこに住んでいるかが分かっていて協力できたから。 【考えが変わったり，増えたり，深まったり，決まったりしたきっかけ】 Dさんの発言は自分が考えていたことと同じで，考えが深まった。
C	A，Bの基準を満たす内容を記述していない。

5 次時の展開

　本時で設定した最終的な考え（仮説）を，各地域の消防団の割合（北淡町は，他の地域よりも消防団の加入率が高い），北淡町で行われている行事のようす（北淡町は，日頃から地域住民どうしの交流がさかん），活動にあたった消防団員の証言（地域住民のことを把握しているので，誰がどこにいるのかが分かり，素早い救助活動ができた）といった資料によって検証する。そして，「多くの消防団員が救助活動を行ったこと，日頃から近所づきあいのあった地域の人たちが協力して救助活動を行ったことにより，短い時間でたくさんの人を助けることができた」という原因と結果の関係を示した知識を習得させる。なお，阪神淡路大震災における北淡町の救助活動の評価ついては，内閣府「防災情報のホームページ」にも示されているので，そこから確認することもできる。その中では，北淡町における救助活動について，次

のように示されている(6)。

　北淡町においては，地域社会の住人が日常の暮らしを通じてお互いのことを熟知しており，近隣住民で組織された消防団は，瓦礫の下で埋もれている人の位置を正確に推定して速やかな救助を行うことができたといわれている。

　さらに，「消防隊や警察，自衛隊は，どうしてすぐに救助活動ができなかったのだろうか」「災害の現場で消防隊や警察，自衛隊にできることは何だろうか」と問い，関係機関（消防隊や警察，自衛隊）の救助活動についても考えさせるようにする。そして，地域の人たちによる活動（共助）と関係機関による活動（公助）の連携が必要になることを理解させるようにする。

（長川　智彦）

【註・引用・参考文献】
(1)池野範男，的場正美ほか124名『小学社会　3年』日本文教出版，2020，p.94
(2)兵庫県『伝える　改訂版　1.17は忘れない—阪神・淡路大震災20年の教訓—』ぎょうせい，2016，p.25
(3)兵庫県教育委員会『明日にいきる（改訂版）』2012，p.34
　　ここでは，地図資料を中心に，震源地と被災地の位置関係や各地域の被害状況を捉えさせる。
(4)北淡町災害復興対策室編『阪神・淡路大震災　北淡町の記録』北淡町役場，1997
(5)前掲書(4)
　　ここでは，北淡町の被害状況を整理した表をもとに，その概要を読み取らせるとともに，地震発生直後の写真からも被害の様子を捉えさせる。
(6)平成15年度版　防災白書「生活から支える防災まちづくり」（内閣府　防災情報のホームページ）
　　【http://www.bousai.go.jp/kaigirep/hakusho/h15/bousai2003/html/honmon/hm130300.htm】
最終閲覧　2021年9月18日

4 対話により「予想」を「仮説」へと高める 社会科授業＆評価プラン③

1 社会科授業と対話

　本稿では，対話により主体的な学びを促す社会科授業モデルを提案する。また，「対話の成果」を対象とし，「振り返り」のワークシートを分析することで，子どもの「主体的に学習に取り組む態度」を評価する。

　社会科授業に対話を組み込む理由について述べる。授業において，他者との対話や自己内対話を積み重ねることで，子どもの主体性は高まる。主体性が高まると，さらに対話を重ねたくなる。このように，主体的な学びと対話的な学びは，相互に密接に関連している。つまり，社会科授業に対話を組み込むことで，主体的な学びが促進される。そして，子どもの「主体的に学習に取り組む態度」は，社会科授業の目標である「社会認識形成をとおした市民的資質の育成」につながる。

　なお，ここでの対話とは，教師や友達といった「他者との対話」だけを意味するものではない。友達の発言内容や資料からの情報を自分の中で解釈し，考えを変えたり増やしたりする「自己内対話」も含まれる。また，「生徒間の対話では，席が隣り合った二人から，四人程度の小グループ，さらにはクラス全体の討論まで，様々な規模のものが考えられる[1]」。つまり，対話とは，一人で行う自己内対話からクラス全体で行うものまで幅広い形態をもつことが分かる。本稿では，少人数やクラス全体の対話から得られた知見をもとに自己内対話を行い，その成果を振り返りにまとめる授業プランを提案する。対話をする以前の状態から，考えが「変わる」「増える」「深まる」「決まる」といった子どもの変化をめざし，「源氏と平氏の戦い」を事例として授業を開発する。

■2 対話を組み込んだ仮説の設定

社会科授業では，あらゆる場面で対話の機会を設けることが可能である。本授業プランでは，米田豊の授業構成理論「探究Ⅰ（分かる過程）[2]」における「予想・仮説の設定」場面に，対話を組み込むこととする。なぜなら，学習課題に予想や仮説を設定する場面では，既習知識を活用したり生活経験をもとにしたりと多様な考えが発表され，対話の活性化が期待できるからである。なお，ここでは米田豊に依拠し，予想と仮説を次のように峻別する。

> 予想：学習課題の解を当て推量で示すこと。
> 仮説：学習課題の解を既習知識や対話により獲得した内容を活用し，
> 　　　それらを根拠として示すこと。

ここでは，対話により獲得した内容を活用し，仮説を設定することを意図して授業を開発する。

「予想・仮説の設定」場面に対話を組み込む手立ては，次の2点である。

> ①　予想や仮説が多面的，多角的に設定できる学習課題を把握させる。
> ②　自分の考えが「変わる」（または「増える」「深まる」「決まる」）きっ
> 　　かけとなりそうな発言を，対話の途中でメモさせる。

①について述べる。限定的な予想や仮説しか立てられない学習課題では，社会科授業で対話を仕組むことはできない。例えば，「なぜ，武士は武芸の訓練をしていたのだろう」と問うても，「戦で勝つため」「土地を守るため」という反応に終始し，それ以上対話が深まることはない。本授業プランでは，「なぜ，源頼朝は，およそ2か月間にもかかわらず，兵力を300人から20万人まで増やすことができたのだろう」という複文型の「なぜ疑問」を設定する[3]。この学習課題は，平氏中心の政治に対する武士の反感，源義朝の後継者である源頼朝の血筋，石橋山の敗走から富士川の戦いに至るまでのルートといった情報から，「平氏に対して不満をもつ武士が集まった」「源義朝の後継者だ

から味方になった」と多面的，多角的に予想や仮説を設定できる。したがって，活発な情報交換や考えのすり合わせが期待できる。

　②について述べる。他者の考えを受けて，自分の考えが「変わる」（または「増える」「深まる」「決まる」）ことが対話の成果である。振り返りにおいて，対話の成果を明確に示すためには，「誰の，どのような考えが自分を変化させたのか」を把握しておくことが不可欠となる。例えば，Dさんが学習課題に対して，「頼朝が通ったルートには，源氏の味方がたくさんいた」という予想を立てたとする。しかし，対話の途中，Eさんの「平氏中心の政治に対して，多くの武士が不満をもっていた」という考えに賛成した。そして，最終的な予想にEさんの考えを追加した。その場合，Dさんは振り返りにEさんの考えを記述する必要がある。だからこそ，対話の中で自分を変化させた発言をメモさせることは重要となる。この手立てにより，たとえ発表はできなくても，子どもの自己内対話が促され，主体的な学びが実現する。

■3 対話の成果を対象とした「主体的に学習に取り組む態度」の評価プラン

　1と2で論じたことをもとに，ワークシートを作成し，次頁図1に示す。

　まずは，学習課題に対して個人で予想や仮説を立て，A欄に記述する。次に，A欄の記述をもとに，少人数やクラス全体で対話する。その際，教師は予想や仮説の「出し合い」にならないよう，「関連する意見はないか」「なぜそのように考えたのか」と問いかけながら，対話をファシリテートしていく。子どもは，自分の考えが「変わる」（または「増える」「深まる」「決まる」）きっかけとなりそうな意見を，B欄にメモしておく。そして，対話をとおして決定した最終的な仮説をC欄【振り返り①】に記述する[4]。また，最終的な仮説を決めるきっかけとなった発言を示し，自分の考えがどのように変化したのかをC欄【振り返り②】に記述する。

| 「源氏と平氏の戦い」 | 名前 | D |

【学習課題】なぜ，源頼朝は，およそ2か月間にもかかわらず，兵力を300人から20万人まで増やすことができたのだろう。

A　学習課題に対する予想を書きましょう。

　石橋山の戦いで負けた源頼朝は，房総半島へのがれた。その後，鎌倉を通って富士川に到着している。頼朝が通ったルートには，源氏に味方する武士がたくさんいた。だから，兵力を20万人まで増やすことができた。

B　あなたの考えが「変わる」（または「増える」「深まる」「決まる」）きっかけとなりそうな発言をメモしておきましょう。

① 平氏中心の政治→平氏以外の多くの武士が不満をもっていた。（Eさん）
② 頼朝が通ったルートには，源氏に味方する武士がたくさんいた。＋源義朝の息子の頼朝は有名だった。（Fさん）

C　【振り返り①】最終的な予想を書きましょう。

・平氏中心の政治に対して，平氏以外の多くの武士が不満をもっていた。
・富士川までのルートには源氏に味方をする武士がたくさんいて，源義朝の息子である頼朝の名前はよく知られていた。

　【振り返り②】あなたの考えが「変わる」（または「増える」「深まる」「決まる」）きっかけとなり，最終的な予想につながった発言を書きましょう。

　Eさんの「平氏中心の政治に対して，平氏以外の多くの武士が不満をもっていた」という予想は，前の授業で平清盛が娘を天皇のきさきにして朝廷の重要な役職を平氏で独占したと習っていたから納得した。だから，予想に加えた。

　Fさんも，自分と同じように「頼朝が通ったルートには源氏に味方する武士がたくさんいた」という考えをもっていて，自分の予想に自信がもてた。また，「源義朝の息子である頼朝の名前はよく知られていた」という考えも説得力があった。なぜなら，平治の乱で平清盛と戦った源義朝は有名人だったと思うから。

　そこで，自分の予想にも追加した。

> 【振り返り②】の記述で「主体的に学習に取り組む態度」を評価する。

図1　本時のワークシートと子どもの記述例

「主体的に学習に取り組む態度」の評価対象は，【振り返り②】の項目である。子どもが記述した対話の成果を，表1に示す規準で評価する。

表1 「主体的に学習に取り組む態度」【振り返り②】の評価規準

評価	評価規準の具体
A	対話の中で，自分の考えが「変わる」（または「増える」「深まる」「決まる」）きっかけとなった発言を**複数**示している。また，それらの発言を受け，自分の考えがどうなったのかを記述している。
B	対話の中で，自分の考えが「変わる」（または「増える」「深まる」「決まる」）きっかけとなった発言を示している。また，その発言を受け，自分の考えがどうなったのかを記述している。
C	A，Bの規準を満たす内容を記述していない。

図2の【振り返り②】には，Eさんの発言を受けて最終的な予想が追加されたこと（考えが「増える」），Fさんの発言を受けて考えが増えるだけではなく，自分の予想に確信がもてたこと（考えが「深まる」「決まる」）が示されている。したがって，A評価と判断できる。

■4 対話により「予想」を「仮説」へと高める 社会科授業モデル

1 本時の目標

・学習課題の仮説を設定するための対話の中で，自分の考えが「変わる」（または「増える」「深まる」「決まる」）きっかけとなった発言を示す。また，その発言を受け，自分の考えがどうなったのかを記述する。

【主体的に学習に取り組む態度】

2 本時の授業仮説

> ★：予想や仮説の出し合いにならないよう，「関連する意見はないか」「なぜそのように考えたのか」と問いかけながら，自分の考えが「変わる」（または「増える」「深まる」「決まる」）きっかけとなりそうな発言を引き出していく。そして，対話の途中で各自ワークシート（図1－B欄）にメモさせる。この手立てにより，本時の目標に到達させることができるであろう。

3 学習指導過程

学習活動	○発問 ◎指示 ◇確認 ・指導上の留意点	・予想される子どもの反応	*資料 ◎評価
1．本時の 学習課題 を把握す る。	◎まずは，前回のおさらいをしましょう。 ○平氏の棟梁（かしら）と源氏の棟梁（かしら）はそれぞれ誰でしたか。	・平氏が平清盛。 ・源氏が源義朝。	
	○平清盛と源義朝は平治の乱で争いました。勝ったのはどちらでしたか。	・平清盛が勝った。 ・源義朝は，都から逃げる途中に家来に裏切られ死んでしまった。	
	◇しかし，源義朝の息子である源頼朝は，命を助けられ，伊豆（静岡県）に流されました。		*資料① 源頼朝 像の写 真
	◇平治の乱で勝利した平清盛は，京都で平氏中心の政治を進めました。 ・平氏の横暴に反発した以仁王が，全国の源氏に令旨（皇族の命令を伝える文書）を発し，これが頼朝挙兵の動機となったことを確認する。	・最大のライバルがいなくなったから，自分たちの思いどおりに政治が行えるようになったんだね。	*資料② 以仁王 の肖像 画
	◎平氏討伐のため兵を挙げた源頼朝の進路を確認しましょう。		*資料③ 源頼朝 の進路

	◎源頼朝と平氏の戦いを見ていきましょう。 ・資料④により，両軍の兵力差を確認させる。	・平氏の方が10倍多い。 | 1180年8月	平氏	源氏
---	---	---
石橋山の戦い	3000人	300人		＊資料④ 石橋山の戦いにおける兵力差（諸説あり）
	・源氏は敗北し，頼朝は命からがら房総半島に逃れたことを伝える。	・兵力の差がありすぎるから，源氏は負けてもしかたがない。	
	◇2か月後，富士川の戦いが起こりました。 ・資料⑤により，両軍の兵力差を確認させる。	 | 1180年10月	平氏	源氏
---	---	---
富士川の戦い	4000人	20万人		＊資料⑤ 富士川の戦いにおける兵力差（諸説あり）
		・300人が20万人まで増えている。2か月しか経っていないのになぜだろう。	

学習課題
なぜ，源頼朝は，およそ2か月間にもかかわらず，兵力を300人から20万人まで増やすことができたのだろう。

2．予想，仮説を設定する。	◎ワークシートに，学習課題に対する予想を書きましょう。 （図1－A）	
3．クラス全体で対話する。 ★本時の授業仮説に関わる手立て	◎予想を発表しましょう。 ★予想や仮説の「出し合い」にならないよう，「関連する意見はないか」「なぜそのように考えたのか」と問いかけながら，自分の考えが「変わる」（または「増える」「深まる」「決まる」）	・頼朝が通ったルートには，源氏に味方する武士がたくさんいた。 ・今の意見に付け足しで，源義朝の息子である源頼朝の名前はよく知られていたと思う。 ・それもあるけど，平氏中心の政治に対して，平氏以外の多くの

114

		きっかけとなりそうな発言を引き出していく。そして，対話の途中でメモさせる。（図1－B）	武士が不満をもっていたから，源氏である頼朝に味方した。	
4．振り返りを書く。		◎今日の振り返りを書きましょう。（図1－C）	図1－Cの【振り返り②】を評価対象とする	◎評価【主体的に学習に取り組む態度】

4 次時の展開

　本時で設定した最終的な仮説を，資料によって検証する。そして，「平氏が思いのままに政治を行うようになり，多くの武士が領地や地位を脅かされて不満をもっていた。そこで，頼朝は味方になった武士の領地を認め，手がらをあげれば恩賞（ほうび）を与えることも約束した。だから，およそ2か月間にもかかわらず，兵力を300人から20万人まで増やすことができた」という説明的知識（原因──結果の関係を示した知識）を習得させる。

■5 対話により「予想」を「仮説」へと高める社会科授業の評価

　4で提案した授業モデルを，西宮市立名塩小学校の第6学年A組において実践した。そして，ワークシートC欄【振り返り②】の記述を，表1の規準をもとに評価した。「主体的に学習に取り組む態度」がA評価，B評価と判断された具体的な記述例を，表2と表3にそれぞれ示す。

表2「主体的に学習に取り組む態度」B評価の記述例（No.28）

はじめの予想 （仮説）	・平氏が朝廷の大事な役割を独占して，これをよくないと思う人が源氏についた。
最終的な予想 （仮説）	・平氏をよくないと思う人が源氏についた。
【振り返り②】 の記述	Eさんの意見により自分の予想に確信がもてて，なぜなら平氏が政治の大事なところを独占して，これをよくないと思う人々は絶対出てくるし，平氏に反感をもつ人が出て，源氏についたと思いました。

表3「主体的に学習に取り組む態度」A評価の記述例（No.30）

はじめの予想 （仮説）	・以仁王が送った令旨は，源氏の血が入っている人にある程度渡されていると思って，富士川に着く前にたまたま会って協力してもらった。
最終的な予想 （仮説）	・平氏と源氏が戦ったといううわさが流れ，助けようと思い集まった。 ・頼朝が通った関東は，武士が集まりやすかった。
【振り返り②】 の記述	Kさんのうわさというところに納得して，前の予想だと「たまたま」とか中途半ばだったけど，うわさが流れると頼朝がいる場所もだいだい予測できる。Iさんは，関東は武士が集まりやすいと言っていて，たしかに東北地方や中部地方からも集まりやすいと思ったから追加した。

　No.28の子どもは，はじめの予想段階から，平氏が朝廷の大事な役割を独占して，これに不満をもつ武士が源氏についたと考えていた。そして，同様の考えが，クラス全体の対話で発表されたことにより，「自分の予想に確信がもてた」と記述している。【振り返り②】には，対話の中で，自分の考えが「深まる」きっかけとなった発言を明確に示している。また，その発言を受け，自分の考えがどうなったのか（予想に確信がもてたこと）を記述している。したがって，B評価と判断した。

　No.30の子どもは，はじめの段階では，以仁王の令旨が頼朝以外の源氏にも送られており，富士川に到着する前に偶然出会って協力してもらったという予想であった。しかし，クラス全体の対話において，自分とは異なるK児の考え（源氏と平氏が戦ったといううわさが流れた）やI児の考え（関東は東北地方や中部地方から武士が集まりやすい場所である）に影響を受け，はじめの予想を変更している。その結果，【振り返り②】には，対話の中で，自

分の考えが「変わる」きっかけとなった発言を複数示している。また，その発言を受け，自分の考えがどうなったのか（予想が増えたこと）を記述している。したがって，Ａ評価と判断した。

　平成29年版の学習指導要領［社会］では，「主体的・対話的で深い学び」の実現に向けた授業改善が求められている。しかし，これまで主体的な学びと対話的な学びは個別に検討され，双方の関係性が明らかにされているとは言い難い状況であった[5]。１で述べたように，授業に対話を組み込むことで，子どもの主体性は高まる。また，主体性が高まると，さらに対話を重ねたくなる。本稿で示した授業モデルも，対話と主体的に学習に取り組む態度の関係性に着目して開発したものである。これまでに述べてきたように，対話を社会科授業に組み込むことで，子どもの主体的に学習に取り組む態度を的確に育成できる。また，対話の成果を振り返りに記述させることで，主体的に学習に取り組む態度を的確に評価できる。

（松浪　軌道）

【註・引用・参考文献】
(1)戸井田克己「子どもと社会をつなぐ『対話的な学び』教材化の視点とポイント　①地理」『社会科教育』No.727，明治図書，2019，p.11
(2)探究Ⅰ（分かる過程）については，次の文献に詳しい。
　・米田豊「『習得・活用・探究』の社会科授業づくりと評価問題」米田豊編著『「習得・活用・探究」の社会科授業＆評価問題プラン　小学校編』明治図書，2011，pp.7-21
(3)複文型の学習課題の有効性については，次の文献に詳しい。
　・吉川幸男　山口社会科実践研究会『「差異の思考」で変わる社会科の授業』明治図書，2002，pp.12-15
(4)文中では，「最終的な仮説」と表現している。しかし，図１のワークシートでは，「最終的な予想」と示している。子どもの混乱を避けるため，実際の社会科授業でも「仮説」という用語は使用していない。もちろん，対話により獲得した内容や既習知識を活用して予想を立てる価値については授業で指導する。
(5)ここでは，「主体的な学び」と「主体的に学習に取り組む態度」を同義として論じている。また，平成29年版『小学校学習指導要領解説　社会編』のp.8では，主体的な学びと対話的な学びがそれぞれ別の項目で解説されており，全編とおして確認しても双方の関係性を示す記述はない。

1 「学習課題の解決後」に「新たな問い」を発見する社会科授業＆評価プラン

…………… 中学校歴史的分野　江戸幕府の成立と対外関係

1 はじめに

　平成28年12月に中央教育審議会によって取りまとめられた「幼稚園，小学校，中学校，高等学校及び特別支援学校の学習指導要領等の改善及び必要な方策等について（答申）」において，「主体的な学びについては，児童生徒が学習課題を把握しその解決への見通しを持つことが必要である。そのためには，（中略）学習内容・活動に応じた振り返りの場面を設定し，児童生徒の表現を促すようにすることなどが重要である[1]」と指摘されている。

　本稿では，「学習内容・活動に応じた振り返りの場面」における「児童生徒の表現」を評価対象として，「児童生徒が学習課題を把握しその解決への見通しを持つこと」ができているかどうかを規準に「主体的に学習に取り組む態度」を評価する社会科授業＆評価プランを提案する[2]。

2 「学習課題の解決後」に発見した「新たな問い」を評価する規準

　「学習内容・活動に応じた振り返りの場面」における「児童生徒の表現」とは，各時間の最後に設ける「振り返り場面」で児童生徒が立てた「問い」である。そして，「学習課題を把握しその解決への見通しを持つ」ということを，「単元を貫く問い」の解に至るための問いを立てることであると捉える。

　岩田一彦は，次ページの図1のように「単元の問いの構造モデル」を示した上で，「子どもは，下位の問いから追究し，徐々に上位の問いを解明し，最終的に単元の問題を解いていくことになる[3]」と述べている。したがって，「単元を貫く問い」の解に至るために必要な「下位の問い」を立てるという

ことは，「学習課題を把握しその解決への見通しを持つ」ということである。児童生徒が立てた「下位の問い」が，「単元の問いの構造モデル」をもとにした「問いの構造図」にあてはまるかどうかを規準に評価する。

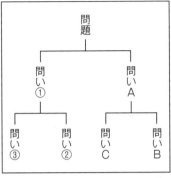

図1　単元の問いの構造モデル[3]

「単元の問いの構造モデル」の「問題」が，本稿における「単元を貫く問い」にあたる。「単元を貫く問い」の解に至るために，「問い②」「問い③」の解をもとにして「問い①」の解に至った段階で，「『単元を貫く問い』に答えるために，次時はどのような問いを立てればよいか」と「振り返り発問」を行う。「振り返り発問」に対して児童生徒が立てた問いが「単元の問いの構造モデル」の「問いA」にあたる場合は，「十分満足できる」状況（A）と判断する。「問いB」「問いC」にあたる場合，または本時の学習内容である「問い①」「問い②」「問い③」に関わる問いにあたる場合は，「おおむね満足できる」状況（B）と判断する。上記以外の問いを立てていたり，問いを立てることができなかったりする場合は，「努力を要する」状況（C）と判断する。

以上のことを表に整理したものが，次の表1である。

表1　「学習課題の解決後」に発見した「新たな問い」を評価する規準

振り返り発問	評価規準		
【単元を貫く問い】に答えるために，次時はどのような問いを立てればよいか。	「単元の問いの構造モデル」をもとにした「問いの構造図」にあてはまるかどうか。	A	「単元の問いの構造モデル」の「問いA」にあたる問いを立てている。
		B	「単元の問いの構造モデル」の「問いB」「問いC」にあたる問い，または本時の学習内容である「問い①」「問い②」「問い③」に関わる問いを立てている。
		C	A，B以外の問いを立てている。または，問いを立てることができない。

■3 「学習課題の解決後」に「新たな問い」を発見するための手立て

　国立教育政策研究所『「指導と評価の一体化」のための学習評価に関する参考資料』において，「評定に用いる評価」と「学習改善につなげる評価」に分けた「指導計画」が示された[(4)]。「評定に用いる評価」を行う前に，児童生徒の「学習改善につなげる」「指導と評価」を行う必要がある。そこで，「児童生徒が学習課題を把握しその解決への見通しを持つこと」，すなわち「単元を貫く問い」の解に至るために必要な「下位の問い」を立てることができるよう，次の二つの手立てを組み込んだ社会科授業モデルを提案する。

①既習の「教科内容」の活用

　岩田は，「社会科の教科内容の構造」を右の図2のように示している。

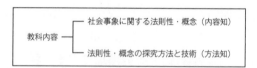

図2　社会科の教科内容の構造[(5)]

　「学習課題を把握しその解決への見通しを持つ」，すなわち「単元を貫く問い」の解に至るために必要な「下位の問い」を立てるための手がかりとして，児童生徒が既習の「内容知」と「方法知」（以下，「既習内容」と「既習方法」）を活用することを促す。

②「問いと知識の構造図」の作成

　岩田は，「単元の学習内容が，構造化された知識として提示されれば，学習内容の定着性・応用度が高まる[(6)]」と指摘した上で，「知識の構造は，問いの構造に転換できる[(7)]」と述べている。「知識の構造」とそれを「転換」した「問いの構造」を一つに図化した「問いと知識の構造図」を作成させることで，児童生徒は「学習課題」の「解決への見通し」を可視化し，「下位の問い」を立てることにつなげることができる。

■4 単元「江戸幕府の成立と対外関係」における 「問いと知識の構造図」

本稿で提案する中学校歴史的分野の単元「江戸幕府の成立と対外関係」に関して，『中学校学習指導要領（平成29年告示）』と『小学校学習指導要領（平成29年告示）』では，次の表2のように述べられている。

表2　単元「江戸幕府の成立と対外関係」に関する「内容」[8][9]

中学校学習指導要領（平成29年告示）	小学校学習指導要領（平成29年告示）
江戸幕府の成立と大名統制，身分制と農村の様子，鎖国などの幕府の対外政策と対外関係などを基に，幕府と藩による支配が確立したことを理解すること。	江戸幕府の始まり，参勤交代や鎖国などの幕府の政策，身分制を手掛かりに，武士による政治が安定したことを理解すること。

中学校と小学校で「内容」が類似していることが分かる。したがって，小学校の「内容」を「既習内容」として，本単元で活用することができる。

また，東京書籍発行の教科書では，次の表3のように「単元を貫く問い」が設定されている。

表3　教科書で設定されている「単元を貫く問い」[10][11]

中学校教科書『新しい社会　歴史』	小学校教科書『新しい社会6　歴史編』
なぜ江戸幕府の支配は約260年も続いたのでしょうか。	江戸幕府は，どのようにして力を強め，政治を安定させようとしたのでしょうか。

「江戸幕府の支配」が「約260年も続いた」のは，江戸幕府が「力を強め，政治を安定させようとした」からである。小学校教科書における「単元を貫く問い」は，中学校教科書における「単元を貫く問い」の解に至るために必要な「下位の問い」にあたることが分かる。さらに，小学校教科書では，「江戸幕府が政治を安定させるために，人々に対して行ったことを整理しよう」として，「大名に対して」「百姓や町人に対して」「キリスト教の信者や外国の貿易船に対して」行ったことを整理する活動が組み込まれている[12]。小学校教科書における「単元を貫く問い」とその追究方法を「既習方法」として，本単元で活用することができる。

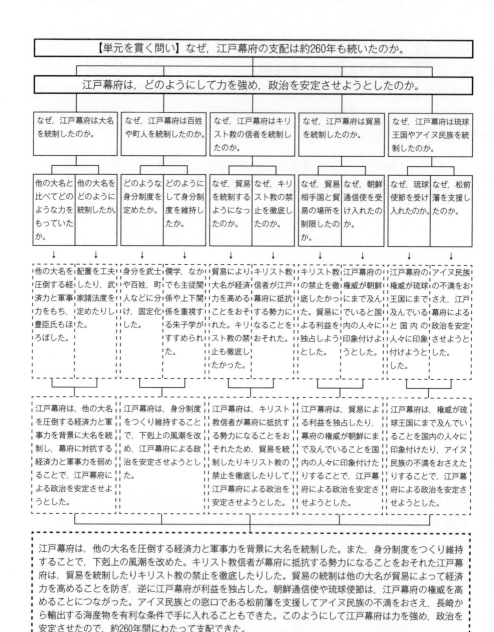

図3　単元「江戸幕府の成立と対外関係」における「問いと知識の構造図」[(13)]

以上のことをふまえて作成した本単元の「問いと知識の構造図」が，前ページの図３である。

　なお，次の図４は，本単元をとおして使用するワークシートである。左側が学習前の「問いと知識の構造図」，右側が学習後の「問いと知識の構造図」である。第１時では，小学校教科書における「単元を貫く問い」について，江戸幕府が「大名」「百姓や町人」「キリスト教の信者や外国の貿易船」に対して行ったことを，学習前の「問いと知識の構造図」にあてはめて説明させる場面を設ける。これは，生徒の学習前の状況を診断的に評価するためであるとともに，「既習内容」や「既習方法」の想起を生徒に促し，「単元を貫く問い」の解に至るために必要な「下位の問い」を立てることができるようにするための手立てでもある。したがって，小学校教科書における「単元を貫く問い」は，中学校教科書における「単元を貫く問い」の「下位の問い」であるとの位置付けを補足説明する。

図４　単元をとおして使用するワークシート

■5 「学習課題の解決後」に「新たな問い」を発見する 社会科授業&評価プラン

1 本時（第1時，第2時）の目標

○【単元を貫く問い】に答えるために必要な問いを，次のように立てることができる。 　　　　　　　　　　　　　　　　　　　　【主体的に学習に取り組む態度】

・なぜ，江戸幕府は百姓や町人を統制したのか。

・なぜ，江戸幕府はキリスト教の信者や外国の貿易船を統制したのか。

2 本時（第1時，第2時）の授業仮説

①【単元を貫く問い】に関わる既習内容を，既習方法をもとに「問いと知識の構造図」にあらわしたり，②「【単元を貫く問い】に答えるために，第3時はどのような問いを立てればよいか」と 振り返り発問 をしたりすれば，【単元を貫く問い】に答えるために必要な「下位の問い」を立てることができるのではないか。

3 学習指導過程 中教中学校教科書 小教小学校教科書⁽¹³⁾

学習活動	○発問 ◎指示 ◇確認 ・指導上の留意点	・予想される子どもの反応	*資料 ◎評価
1.【中教単元を貫く問い】を立てる。	○この人物は誰か。	・徳川家康。	*徳川家康 小教
	○1600年，家康が戦った，この戦いを何というか。	・関ヶ原の戦い。	
	○誰と戦ったか。	・石田三成。	*関ヶ原の戦い 小教
	○三成はどのような立場の人物か。	・豊臣氏の政権を守ろうとした。	
	○勝ったのはどちらか。	・家康。	
	○1603年，家康は朝廷から何という役職に任命されたか。	・征夷大将軍。	
	○家康はどこに幕府を開いたか。	・江戸。	
	○江戸幕府が全国を支配した時代を何というか。	・江戸時代。	
	○江戸時代は何年まで続いたか。	・1867年。	*年表 中教
	・中教巻末の年表で確認するよう指示する。		
	○江戸時代は約何年間続いたか。	・約260年間。	

	・「なぜ」に続く問いを立てるよう指示する。		
	【中教単元を貫く問い】 なぜ，江戸幕府の支配は約260年も続いたのか。		
2．既習内容を学習前の「問いと知識の構造図」にあらわす。	**【小教単元を貫く問い】** 江戸幕府は，どのようにして力を強め，政治を安定させようとしたのか。		
	○江戸幕府は，人々（大名，百姓や町人，キリスト教の信者や外国の貿易船）に対してどのようなことを行ったか。 ・小学校6年時の既習内容・既習方法が**【中教単元を貫く問い】**を追究する手がかりになることを補足説明する。	・[大名に対して] 日光東照宮や江戸城の建設を通じて幕府の力を見せつけながら，武家諸法度と参勤交代によって将軍に従わせた。 ・[百姓や町人に対して] 身分に応じて異なる場所に住まわせたり，年貢や役などのさまざまな負担を負わせたりした。 ・[キリスト教の信者や外国の貿易船に対して] キリスト教を厳しく禁止するとともに，貿易相手国と貿易の場所を限り，幕府が貿易を独占した。	
3．江戸幕府が大名を統制した理由を学習後の「問いと知識の構造図」にあらわす。	**【第2時の問い】** なぜ，江戸幕府は大名を統制したのか。		
	○江戸幕府は，他の大名と比べてどのような力をもっていたか。 ○江戸幕府は，他の大名をどのように統制したか。 ○江戸幕府は，他の大名を統制することで，どうしようとしたの	・他の大名を圧倒する経済力と軍事力をもち，豊臣氏もほろぼした。 ・配置を工夫したり，武家諸法度を定めたりした。 ・江戸幕府の力を強め，政治を安定させようとした。	＊幕領と諸大名領の割合 **中教** ＊主な大名の配

	か。 ・【第2時の問い】の答えを，学習後の「問いと知識の構造図」にあらわすよう指示する。		置 中教 ＊武家諸法度 中教
4．第3時につなげる振り返りをする。	○【中教単元を貫く問い】に答えるために，第3時はどのような問いを立てればよいか。 ○なぜ，その問いが【中教単元を貫く問い】に答えるために必要だと考えたのか。	・なぜ，江戸幕府は百姓や町人を統制したのか。 ・なぜ，江戸幕府はキリスト教の信者や外国の貿易船を統制したのか。 ・小学校6年時の既習内容・既習方法が手がかりになる。まず「大名に対して」追究したので，次は「百姓や町人（キリスト教の信者や外国の貿易船）に対して」追究すればよい。	◎ノート【主体的に学習に取り組む態度】 振り返り発問に対して生徒が立てた問いを評価対象とする。

4 評価規準

評価規準		
図3の「問いと知識の構造図」にあてはまるかどうか。	A	「なぜ，江戸幕府は百姓や町人（キリスト教の信者や外国の貿易船）を統制したのか」にあたる問いを立てている。
	B	「江戸幕府は百姓や町人（キリスト教の信者や外国の貿易船）をどのように統制したか」にあたる問い，または本時の学習内容に関わる問いを立てている。
	C	A，B以外の問いを立てている。または，問いを立てることができない。

■**6** おわりに

　「単元を貫く問い」の解に至ったのち，「1867年　江戸幕府の滅亡」を改めて提示し，「にもかかわらず，なぜ」に続く「新たな問い」を立てることを促す。「新たな問い」は，その後の「単元を貫く問い」となり，本単元を「既習内容」「既習方法」として活用することができる。

　岩田は，「問いは解決された時には，新しいより深まった問いが生まれてくる。この結果，問いの追究は無限の動きとなる。問いこそ学習意欲を喚起するのである[14]」と指摘した。「学習課題の解決後」や「単元の終末」に問いを立てる場面を設けることは，児童生徒が「無限」の「追究」を始める契機となる。

（大島　泰文）

【註・引用・参考文献】──────────────────────────

(1)中央教育審議会「幼稚園，小学校，中学校，高等学校及び特別支援学校の学習指導要領等の改善及び必要な方策等について（答申）」2016

(2)本稿は，拙稿「社会科における『主体的に学習に取り組む態度』の評価方法の開発─『振り返り場面』で生徒が立てた『問い』に着目して─」（日本社会科教育学会『社会科教育研究』No.139，2020，pp.1-12）をもとに論じている。

(3)岩田一彦『社会科固有の授業理論・30の提言─総合的学習との関係を明確にする視点─』明治図書，2001，p.49

(4)国立教育政策研究所教育課程研究センター『「指導と評価の一体化」のための学習評価に関する参考資料【中学校　社会】』2020

(5)前掲(3)，p.110

(6)前掲(3)，p.40

(7)前掲(3)，p.49

(8)文部科学省『中学校学習指導要領（平成29年告示）』2017

(9)文部科学省『小学校学習指導要領（平成29年告示）』2017

(10)矢ヶ﨑典隆ほか『新しい社会　歴史』東京書籍，令和２年検定済，p.114

(11)北俊夫ほか『新しい社会6　歴史編』東京書籍，平成31年検定済，p.77

(12)前掲(11)，p.86

(13)前掲(10)のpp.114-123，(11)のpp.76-87をもとに作成。

(14)岩田一彦「概念探究型社会科の授業設計論」岩田一彦編著『新中学校社会科授業方略（ストラテジー）の理論と実践─地理編─』清水書院，1992，p.37

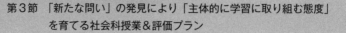

2 矛盾から生まれた「新たな問い」を評価する 社会科授業&評価プラン

第4学年　ごみのしょりと活用

　授業の導入段階で，「この時間は，○○について考えていきましょう」といった授業者から児童に学習課題を投げかける研究授業を目にすることが多い。

　授業者から児童への学習課題の提示は，児童にとって切実感や現実感がない。つまり，児童自らが問いをもち，その問いを協働的に解決し，さらに「新たな問い」に向かう，このような「問いの連続」を児童自らが行うことができる力こそが学習指導要領で求められる「主体的に学習に取り組む態度」である。

　そこで，本稿では，児童が授業を振り返る場面で，複数の資料を比較しながら，次時につながる「新たな問い」を立てることができる授業を提案する。

1 小学校中学年の児童に適した「新たな問い」 を生み出す手立て

①「新たな問い」が生まれやすくなる場の設定

　小学校中学年の児童に対し，振り返りの場面で，「『新たな問い』を立てましょう」といった授業者から児童への問いかけを行ったとしても，何も書けない児童がいることが予想される。それは，複数の情報を比較しながら考え，矛盾を見いだす方法知を習得できていないことが理由として挙げられる。

　本稿で取りあげる単元は，第4学年「ごみのしょりと活用」である。授業展開は，まず，ごみ処理の仕方の工夫や処理物を資源として活用する取組についての知識を習得することから始まる。次に，その知識を活用し，ごみが計画的，協力的に処理されていることを理解する。

　この単元で児童に「新たな問い」を生み出させやすい場面は，図1のように【習得した説明的知識】と【説明的知識の習得が契機となり呼び出された

知識】を比較するときである。つまり，西宮市では人口が増加しているにもかかわらず（図2），ごみが減少している（図3）【習得した説明的知識】。しかし，ごみの種類別のデータを見ると，「食品ロス」や「リサイクル」できるごみがまだ多い現状がある（図4）【説明的知識の習得が契機となり呼び出された知識】。授業でこの社会事象に気づかせる場を設定することにより，矛盾による「新たな問い」が生まれやすくなるのではないだろうか。

<table>
<tr>
<td>

【学習課題】

なぜ，西宮市は，人口が増えているのに，ごみの量は減っているのだろう。

</td>
<td>
探究</td>
<td>

【習得した説明的知識】

ごみの分別を行ったり，種類に応じた処理を行ったり，３Rの取組を行ったりしたことにより，減少した。

</td>
</tr>
</table>

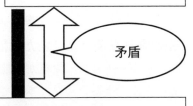
矛盾

【説明的知識の習得が契機となり呼び出された知識】
西宮市では，「食品ロス」が多い。

【新たな問い】
　なぜ，ごみは減少しているのに，「食品ロス」が多いのだろう。

図1 「新たな問い」が生まれるプロセス

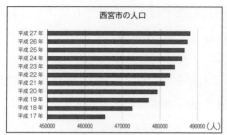

図2　西宮市の人口

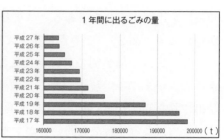

図3　西宮市の1年間に出るゴミの量

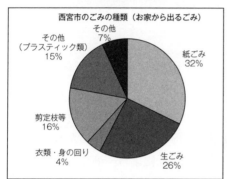

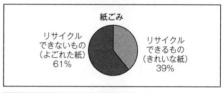

図4　西宮市のごみの種類

②根拠資料を使った「新たな問い」を立てやすくするワークシート

　ワークシートには，児童が矛盾による「新たな問い」を資料に基づいて立てることができるように，本時で使用した資料をすべて1枚に明示する。また，「どの資料からそう考えたのか」といったことに加え，「しかし」「なぜ〜だろう」といった言葉を明記し，「○○といった学習課題は解決できた。しかし，△△といった『新たな問い』が生まれた」といった，「わからないことからわからないことへ」の思考の流れを，資料に基づいて考えやすくする手立てもとっている。

　それは，児童が思いつくままに問いを立てさせると，根拠となる資料がない状態で問いを立てたり，資料を読み取る経験がまだ不十分なことから，問いを立てることに時間がかかってしまったりすることが予想されるからである。

「ごみのしょりと活用」　　　　　　　　　　　　　　　　名前＿＿＿＿＿＿＿＿

【学習課題】なぜ西宮市は，人口が増えているのに，ごみの量は減っているのだろう。

資料①

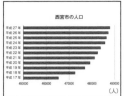

資料②

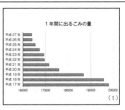

資料③

種別	分類（品目）
もやすごみ(可燃ごみ)	
もやさないごみ(不燃ゴミ)	
資源A	
資源B	
ペットボトル	
その他プラスチック製容器包装	
粗大ごみ	

資料④

資料⑤

資料⑥

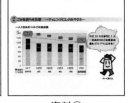

資料⑦

　学習課題を検証した結果を書きましょう。また，資料①～⑦を使って，新たな問いを立ててみましょう。次に，どの資料からそう考えたか書きましょう。

> ごみの分別を行ったり，種類に応じた処理を行ったり，３Rの取組を行ったりしたことにより，減少した。

　しかし，

> なぜ西宮市は，ごみの量が減っているのに「食品ロス」が多いのだろう。

　資料　①　から，「新たな問い」を立てました。

図5　本時のワークシートと児童の記述例

■2 「主体的に学習に取り組む態度」の評価プラン

「主体的に学習に取り組む態度」は，表1のように評価する。

図5のワークシートでは，「なぜ西宮市は，ごみの量が減っているのに『食品ロス』が多いのだろう」という「新たな問い」を，掲示した資料をもとに書くことができている。また，食品ロスが多いことが分かる適切な資料①の活用から「新たな問い」を書くことができている。この場合は，「適切な資料の活用から，『新たな問い』が書かれている」ことにより，A評価と判断することができる。

さらに，前時までに習得した説明的知識との矛盾による「新たな問い」が生まれることもある。例えば，児童は，西部総合処理センターでまだ使えそうな粗大ごみをリサイクルプラザに展示し，来場した人に再利用してもらう「循環型社会」を実現していることを学習している。この習得した説明的知識との矛盾から，「なぜ，循環型社会が実現しているにもかかわらず，リサイクルすることができるごみがまだあるのだろう」という「新たな問い」を立てる児童もいるだろう。この「新たな問い」に対し，児童が資料⑤を選択することが予想できる。しかしこの資料⑤は，西部総合処理センターで，もやさないごみの缶やびん等を手作業で分別し，再生工場に持っていくことを学んだ資料であり，なぜリサイクルすることができるごみの量が多いのかの根拠となっていない。よって，「提示した資料をもとに，『新たな問い』が書かれている」とし，B評価と判断することができる。リサイクルできる紙ごみが39％あることが示されている資料①から「新たな問い」を立てることができた場合は，「適切な資料の活用から，『新たな問い』が書かれている」とし，A評価と判断することができる。

また，資料を根拠とした「新たな問い」を立てることに児童が慣れていない場合は，「どの資料から『新たな問い』を立てましたか」「その資料のどこから『新たな問い』を立てましたか」といった資料を選択した理由を共有する場を授業中に設け，資料を根拠とした「新たな問い」を立てやすくする手

立てを行う必要がある。

表1 「主体的に学習に取り組む態度」の評価規準

評価	評価規準の具体
A	適切な資料の活用から，「新たな問い」が書かれている。 記入例（適切な資料を選択したうえで，） なぜ西宮市は，「食品ロス」や「リサイクル」が多いのだろう。 なぜ西宮市は，「食品ロス」が多いのだろう。 なぜ西宮市は，「リサイクル」できるごみがまだ多いのだろう。
B	提示した資料をもとに「新たな問い」が書かれている。
C	A，Bの基準を満たす内容を記述していない。

■3 「ごみのしょりと活用」における授業プラン

ここでは，第4学年単元「ごみのしょりと活用」における授業モデルを示す。

(1)単元名「ごみのしょりと活用」

(2)単元の学習計画＜全12時間＞

時	学習課題	目標【観点】
1	なぜ，西宮市ではごみの種類が分別されているのだろう。	・ごみを混在して出してしまうと，ごみ処理センターで正しく処理することができないことを理解する。【知識】 ・ごみは「資源として再利用できるもの」がたくさんあり，正しく分別することで，回収後に資源としてリサイクルルートに乗せることができることを理解する。【知識】
2・3	なぜ，ごみを出す曜日が決められているのだろう。	・ごみが混ざらないように分別を徹底することと，限られたパッカー車やトラックしかないため，効率よく収集するために，集める日や区域，ルートを決めていることを理解する。【知識】
4〜9	西部総合処理センターでは，もやすごみをどのように処理しているのだろう。	・西部総合処理センターでは，パッカー車で収集したもやすごみを焼却し，もやしたあとに出る灰は，水で冷やされた後，六甲アイランド沖の埋め立て処分地に運ばれることを理解する。【知識】 ・ごみを燃やしたときに出る熱を発電に利用していることを理解する。【知識】

（社会見学含）	西部総合処理センターでは，もやさないごみをどのように処理しているのだろう。	・もやさないごみの缶やびん等は，西部総合処理センターで手作業によって分けられ，その後，再生工場にもっていくことを理解する。【知識】 ・再生工場では，ペットボトルをペレットにし，新しい製品をつくることや，アルミ缶や鉄くずは溶かし新しいアルミ缶や新しい製品になること，ビンはカレットとなり，ほそう材や新しいビンになることを理解する。【知識】
	西部総合処理センターでは，リサイクルできるものをどのように処理しているのだろう。	・西部総合処理センターでは，まだ使えそうな粗大ゴミをリサイクルプラザに展示し，来場した人に再利用してもらう「循環型社会」を実現していることを理解する【知識】
10 （本時）	なぜ西宮市は，人口が増えているのに，ごみの量は減っているのだろう。	・資料を比較しながら「新たな問い」を立てることができる。 【主体的に学習に取り組む態度】
11	なぜ西宮市は，ごみが減少しているのに，「食品ロス」が多いのだろう。	・西宮市は，スーパー等で「買いすぎる」「作りすぎる」ことや，飲食店で「注文しすぎる」ことから食品ロスが減らない現状があることを理解する。【知識】 ・京都市は，「新・京都市半減プラン」において，食べ残しや手つかず食品といった食品ロスを半減させる目標を掲げ，平成12年度に9.6万ｔ発生していた食品ロスを平成29年度は6.4万ｔまで減らすことができたことを理解する。【知識】
12	西宮市は，「食品ロス」を減らすために，どのような取組を行えばよいのだろう。	・台所ごみ３きり運動（「使いきり」「食べきり」「水きり」）を理解する。【思考，判断，表現】 ・家庭で保管されたままになっている食べ物を持ち寄り，まとめてフードバンクに寄附し，集められた食べ物を，フードバンクをとおして，福祉団体や施設，生活困窮者等に無償で届けられるフードドライブを理解する。【思考，判断，表現】 ・西宮市では，食べ残しを減らすため，飲食店の利用客に対し，「食べられる量を注文しましょう！」と呼びかける「みやたんの卓上啓発ポップ」を作製し，設置を希望する飲食関係事業者に配布していることを理解する。【思考，判断，表現】

■■**4** 本時の授業計画

1 本時の目標

・資料を比較しながら「新たな問い」を立てることができる。

【主体的に学習に取り組む態度】

2 本時の授業仮説

| ★1 |：「新たな問い」を立てる段階で「しかし」「なぜ～だろう」といった言葉を明示する。
| ★2 |：どの資料からそう考えたのか資料番号を記述させる。
この | ★1 | と | ★2 | の手立てにより，目標に到達させることができるだろう。

3 学習指導過程

学習活動	○発問　◎指示　◇確認 ・指導上の留意点	・予想される子どもの反応	＊資料 ◎評価
1．本時の 学習課題 を把握す る。	○「西宮市から出るごみの種類」 の資料を見て，西宮市のごみは 増えていると思いますか。減っ ていると思いますか。 ○「西宮市の1年間に出るごみの 量」と，「西宮市の人口」の資 料を見て，気付くことはありま すか。	・増えている。 ・減っている。 ・西宮市のごみは減ってきている。 ・西宮市の人口は増えている。	＊資料① 西宮市 から出 るごみ の種類 ＊資料② 西宮市 の1年 間に出 るごみ の量 ＊資料③ 西宮市 の人口
学習課題 なぜ西宮市は，人口が増えているのに，ごみの量は減っているのだろう。			

2. 予想する。	◎ノートに，学習課題に対する予想を書きましょう。		
3. 検証する。	◎予想を発表しましょう。 ・前時までの資料を使って予想していた児童に，どの資料を活用したのか広めさせる。 ◇資料④と資料⑤の資料から，ごみの分別を行ったり，種類に応じた処理を行ったりすることでごみが減ってきたことが分かりますね。	・「分別収集区分表」の資料で，ごみを7種類に分けていたことを確認した。 ・西部総合処理センターでは，分別されたごみをそれぞれ分けて処理していた。	＊資料④ 分別収集区分表 ＊資料⑤ 西部総合処理センターのごみ処理
		・わたしたちがしているごみを減らす取組をリデュース，リユース，リサイクルで3Rというんだね。	＊資料⑥ 西宮市3Rの取組
	◇ごみ処理センターなどで働いている人たちだけでなく，西宮市民も3Rを意識しているからごみが減ったことがわかりますね。	・西宮市は，「チャレンジにしのみや25」の目標を掲げ，市民が3Rの取組を協力することにより，ごみを減らすことができたんだね。	＊資料⑦ チャレンジにしのみや25
4. 振り返る。	○学習を振り返ります。まず，学習課題を検証した結果を書きましょう。 ○できた人は，次に，「新たな問い」を書きましょう。「新たな問い」は資料を見て，問いを立ててください。		◎ワークシート

★1　★2
本時の授業仮説に関わる
手立て（ワークシート）

136

■5 おわりに

　本稿では，小学校中学年の児童が「新たな問い」を資料に基づいて立てることができる手立てを提案した。

　児童が「新たな問い」を立てた後，授業者は児童に適切な評価をフィードバックする必要がある。そこで，「資料①のリサイクルに着目し，なぜリサイクルできるごみをもっと減らすことができないのか『新たな問い』を立てることができましたね」といった評価をワークシートにコメントすることが考えられる。また，「新たな問い」を立てることができなかった児童がいた場合は，資料と関連付けながら「新たな問い」を立てている模範解答を，授業者や模範となる解答をすることができた児童からクラス全体に広める手立てが考えられる。

　このように，小学校中学年段階では，児童が複数の情報を比較しながら考え，矛盾を見いだす価値の高い方法知を習得することができる丁寧な手立てが必要である。

（西岡　健児）

【註・引用・参考文献】
・西宮市産業環境局環境事業部美化企画課「チャレンジにしのみや25〜西宮市ごみ減量推進計画〜（家族版）」，2014，p.6，p.9
・西宮市産業環境局環境事業部美化企画課「チャレンジにしのみや25〜西宮市ごみ減量推進計画〜」2014，p.11
・西宮市産業環境局環境事業部美化企画課「ごみを減らし，資源を有効活用するまちへ　西宮市一般廃棄物処理基本計画（素案）」2018，p.20

3 「単元の終末」に「新たな問い」を立てる 社会科授業＆評価プラン

.... 第5学年　水産業のさかんな地域

1 単元の終末における振り返り

①子どもにとっての単元の終末

　「主体的に学習に取り組む態度」は「単元の終末」でも評価できる。単元とは，主に，『小学校学習指導要領（平成29年告示）解説　社会編』に示された「2　社会科の目標及び内容」のまとまり[1]に準じて作られる。子どもは，教師が用意した単元を貫く学習課題に対して，予想を立て，それらを仮説に高める。そして，教師と子どもの手によって，複数の仮説が順番に検証されるように配置を考え，決定することで単元が設定される。

　単元の導入で見出された仮説が一つ一つ順番に検証されることで，子どもは新たな知識を習得する。その過程においては，一つの仮説を検証するためにさらに問いや予想を立てることで，各時間における思考場面が設定され，社会事象についてより広く考えられるようになる。

　したがって，単元の終末を迎える子どもの状態は，これまでの数々の仮説の検証によって，「知識」の習得が積み重ねられていることになる。例えば，農業の単元において，「なぜ，わたしたちは，米を主食として食べることができているのだろう」と単元を貫く学習課題が設定されたとする。「日本は米作りに適した環境があるからではないか」「農家の人が工夫を重ねて米作りをしているからではないか」「米自体にも工夫がされているのではないか」と仮説が立てられる。

　「日本は米作りに適した環境があるからではないか」という仮説の検証に向かうために，新たに「世界では，気温のあたたかい地域で米作りがさかんなのに，なぜ，日本の寒い地域で米作りがさかんなのだろう」という問いの解決へ向かう。問いに対して予想を立て，仮説に高める段階が思考場面とな

り，仮説を資料で検証し，確証を得ることで，新たな知識が習得されることになる。このようにして，順番に仮説を検証することで，米作りに適した環境や米作りの工夫，米自体への工夫についての具体的な知識を習得することになる。そして，それらの知識は毎時間のノートに蓄積されていくことになる。したがって，単元の終末では，単元を貫く学習課題に答えるために必要な一定の知識が習得された状態にあると言える。

②単元の終末における振り返り

単元の終末には，単元を貫く学習課題に対しての答えを記述する場面を設定する。単元を貫く学習課題に対して，仮説を立て，その仮説を検証してきたことで習得した知識を活用する場面を設定するためである。図1に示すように，子どもは単元を貫く学習課題に答えるために，これまでに習得してきた知識を総動員して記述することになる。

したがって，記述するためには，子ども自身がこれまでの学習でどのような知識を習得できたのかを振り返ることが必要となる。

一般に「学習の振り返りをしましょう」となれば，子どもはこれまでの学習で起きた事実すべてを対象とする。すると，「○○が分かってよかった」「予想を立てて考えたことが楽しかった」と各々が学習の中で心象に残った場面が切り取られた記述となり，その視点は多岐に及ぶ。このような振り返りを対象として評価規準を作成することは困難である。

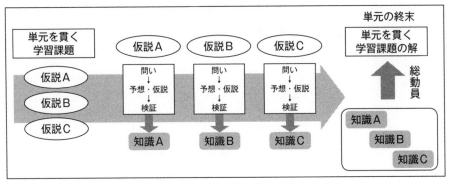

図1　単元の終末に単元を貫く学習課題に答えるイメージ

そこで，単元の終末に単元を貫く学習課題に対して答える場面を設定することによって，単元をとおして，仮説を立て，検証する過程によって習得した知識とは何だったのかを限定的に振り返る場面を設定することができる。

■2　単元の終末に立てた「新たな問い」の評価

①振り返り発問から生まれる「新たな問い」

　単元の終末に単元をつらぬく学習課題に答える場面を設定することによって，子どもはこれまでに習得した知識を振り返り，それらの知識を活用する。

　子どもが自らの答えを記述し終えた段階で，大島泰文の論を援用し，「振り返り発問」を行う[2]。「単元の学習をとおして，新たにどのような問いが生まれたか」と発問をすることで，単元の学習を終えた段階で新たにわからないことを問いの形で記述させることができる。また，「なぜ，そのような問いを立てたのか」と理由を記述させることによって，単元で学習した内容とどのように関わっているのかを見取ることができる。

②振り返り発問から生まれる「新たな問い」の評価規準

　子どもが立てた「新たな問い」をどのように評価すればよいか。子どもが主体的に学習に取り組めたかどうかを評価するためには，評価規準が必要である。本項では，大島の論に基づき，米田豊の探究Ⅱにおける「①新たな社会事象への応用」「②深まった問いの発見，探究」「③価値分析・未来予測」の三つの学習過程に当てはまる問いかどうかを評価規準とする。

■**3** 単元の終末に「新たな問い」を立てる社会科授業プラン

1 単元計画

時	○本時の主な問い	目標【観点】
1	○水産物にはどのようなものがあるのだろう。	水産物とは，魚だけでなく，貝や海藻，それらを加工した者全般を指すことを知る。水産業とは，水産物を取り扱う仕事であることを知る。【知識】
2	○日本に住むわたしたちは，どのくらい水産物を消費しているのだろう。	日本に住む人が，どのくらい水産物を消費しているのかを知る。【知識】
	単元を貫く学習課題 なぜ，日本に住むわたしたちは，いつでも水産物を食べることができるのだろう。	
		単元を貫く学習課題に対して予想を立てることができる。 【主体的に学習に取り組む態度】
3	○なぜ，日本のまわりでは，水産物をとることができるのだろう。	日本は海に囲まれており，暖流と寒流がぶつかる潮目があることや魚介類や海藻が育ちやすい大陸だなが広がっていることから，水産物をとることができることが分かる。【知識】
4	○漁港にはどのような役割があるのだろう。	漁港のしごとについて次の二つが分かる。 ①漁港に運ばれた魚を選別してせりにかけ，出荷するだけでなく，買った魚をすぐに加工したり，食用の魚や魚のえさを冷凍したり，活かしたまま保管する役割があること。 ②水産試験場には海の調査や水産物の品質向上のための研究を行う役割があること。【知識】
5	○水産物はどのようにしてとられているのだろう。	水産業には，沿岸漁業，沖合漁業，遠洋漁業があり，対象とする水産物に応じて，とり方を変えていることが分かる。【知識】
6	○養殖業では，どのように魚を育てているのだろう。	養殖のフグがお互いに歯によって傷がつかないように歯を切ることで，高値でフグが売れるようにしていることが分かる。【知識】 養殖業では，赤潮による被害に気をつけながら，水産物に応じて育て方を変えていることが分かる。【知識】
7	○なぜ，日本の漁獲量が減ってきてい	200海里水域が定められたことによって，日本の水産業に携わる人口が減ってきていることや水産業に携わる人の高齢化が進んで

		いることで漁獲量が減っていることが分かる。【知識】
8	○なぜ，とった魚を海に放流しているのだろう。	将来育つ魚のことを考えてとる量を制限することで，漁獲量が安定するようにしていることが分かる。【知識】
9 （本時）	○なぜ，日本に住むわたしたちは，いつでも水産物を食べることができるのだろう。	これまでの学習で習得した知識（日本がもつ豊富な漁場，漁業の種類，水産物の流通の仕組み，日本の漁業が抱える問題とその対策）をふまえて，単元を貫く問いに対する答えについて関係図を使って書くことができる。【知識】
	・これまでに学習したことから，学習課題の答えとなる関連図を完成させよう。 ○漁業の学習をとおして，新たにどのような疑問が生まれたか。また，なぜその問いを立てたのか。	単元の学習をとおして，分かったことをふまえ，新たに浮かんだ疑問を問いの形で記述することができる。【主体的に学習に取り組む態度】

　単元の終末に「新たな問い」を立てる社会科授業プランとして，第5学年で取り扱う水産業を例に紹介する。第1時において，子どもたちに身近な回転寿司の写真を用いたり，給食のメニュー表の魚介類に線を引かせたりすることで，子どもたちにとって水産物が欠かせないものであることを認識させる。そのうえで，単元を貫く学習課題を提示する。この時点で立てた予想も評価の対象にすることができる。詳しくは「対話により単元の『見通し』をもつ社会科授業＆評価プラン」（p.78）をご覧いただきたい。

　子どもが立てた仮説をもとに単元を構成し，第9時において単元を貫く学習課題に対して答える場面を設定する。これまでに習得した知識を振り返った後，新たに浮かんだ疑問を問いの形で記述させる。

2 本時（第9時）の目標

・単元を貫く学習課題に対してこれまでに習得した知識を活用して答えることができる。 【知識】

・これまでに習得した知識を関連付け，関係図を作成することができる。

【思考，判断，表現】

・新たに浮かんだ疑問を問いの形で書くことができる。

【主体的に学習に取り組む態度】

3 本時の授業仮説

| ★1 | ：単元を貫く学習課題の解を関係図で示させることで，これまでに習得した知識を関連付けて答えを出すことができるだろう。
| ★2 | ：単元の終末に新たに浮かんだ疑問を問いの形で表現させることで，子どもが単元の学習をとおして主体的に学習に取り組んできた態度を明らかにすることができるだろう。

4 学習指導過程

学習活動	○発問　◎指示　◇確認 ・指導上の留意点	・予想される子どもの反応	＊資料 ◎評価
1．これまでの学習を振り返る。	水産業の学習前に立てた仮説が学習後にどのように変わったのだろう。 ・はじめに立てた仮説とこれまでの授業で習得した知識を結びつける。	子どもが立てた仮説，これまでに習得してきた知識については，表1（p.144）を参照。	
2．単元を貫く学習課題に答える。	○単元を貫く学習課題は何か。		

		単元を貫く学習課題　なぜ，日本に住むわたしたちは，いつでも水産物を食べることができるのだろう。		
		◎単元を貫く学習課題に対しての答えを関係図に表しましょう。		◎ワークシート【知識】
3．「新たな問い」を立てる。	これまでの学習で分かったことから新たに生まれた疑問，調べてみたいことは何ですか。問いの形で書きましょう。また，その問いを立てた理由を書きましょう。		子どもが立てた「新たな問い」とその理由の具体については，③評価例（p.146）を参照。	◎ワークシート【主体的学習に取り組む態度】

表1　単元のはじめに子どもが立てた仮説とそれに対応した習得した知識の例

	仮説	習得した知識
1	仮説1「日本では，水産物が多くとれる場所があるからではないか」	大陸だなや暖流，寒流による影響があることで，豊かな漁場がある。
2	仮説2「とった魚が近くのスーパーまで届く仕組みがあるからではないか」	漁港では，とれた魚が水揚げされ，そこから各地域へ輸送されている。
3	仮説3「漁師さんの魚をとる技術が高いからではないか」	漁業には，遠洋漁業，沖合漁業，沿岸漁業があり，それぞれの漁業ではさまざまな漁法が行われている。
4	仮説4「魚を育てているからではないか」	養殖業では，赤潮の被害に気をつけながら水産物を育てている。

　第9時では，単元を貫く学習課題に対して答え，答えたあとに，新たに浮かんだ疑問を問いの形で記述させる。答える場合には，自分のノートは見てもよいとしている。ノートは，これまでの学習を記録してきたものであり，自分の記憶の一部と捉えるからである。子どもは，これまでのノートをめくりながら，習得した知識を関連付けて関係図を作成する。そして，関係図が完成したことが契機となり，新たな問いが立てられることになる。

■ 4 単元の終末に立てた「新たな問い」を対象とした「主体的に学習に取り組む態度」の評価プラン

①本時のワークシートと子どもの記述例

> **単元をつらぬく学習課題**
> なぜ，日本に住むわたしたちは，いつでも水産物を食べることができるのだろう。

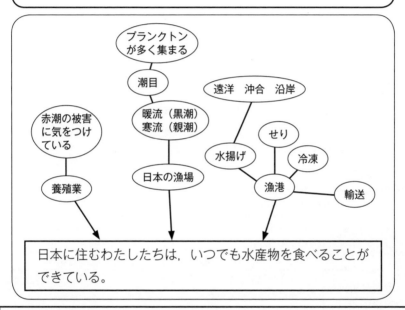

これまでの学習から，さらに新たに調べてみたいこと，ぎもんに思ったことを問いの形（なぜ，いつ，どこで，なにが，だれが，どのように，どれが，どちらを使った文）で書きましょう。

【新たにうかんだ問い】
　養しょく業で働く人は，赤潮に対してどのような対策をとっているのだろう？
【問いを立てた理由】
　養しょく業では，赤潮によって大きな被害が出ることを知ったから。

図2　ワークシートの記述例

②評価規準

図2に示したワークシートの記述をもとに,「主体的に学習に取り組む態度」の評価を行う。評価規準を次の表2に示す。

表2 「主体的に学習に取り組む態度」の評価規準

評価	評価規準の具体
A	新たに立てた問いが,「①新たな社会事象への応用」「②深まった問いの発見,探究」「③価値分析・未来予測」に当てはまっており,単元の学習で習得した知識をもとに問いの理由付けができている。
B	新たに立てた問いが,「①新たな社会事象への応用」「②深まった問いの発見,探究」「③価値分析・未来予測」に当てはまっている。
C	A,Bの規準を満たしていない。

③評価例

表2の評価規準をもとに,具体的な評価例を示す。

表3 「主体的に学習に取り組む態度」A評価の記述例

①新たな社会事象への応用	畜産業では,スーパーにお肉を運ぶためにどのようなしくみがあるのだろうか。 【理由】水産業では,漁港から各地へ運ぶしくみがあったので,他の産業でもあるのか不思議に思ったから。
②深まった問いの発見,探究	赤潮の被害に対して,養殖業で働く人たちは,どのような対策をしているのだろうか。 【理由】養殖業では,赤潮の被害が恐ろしいものだったから。
③価値分析,未来予測	このまま水産業で働く人たちが減ってしまったら,私たちの食生活はどのようになるのだろうか。 【理由】水産業で働く人が減っていることを知ったから。

表3の記述例について,「①新たな社会事象への応用」は,他の産業についての問いが立てられている。その理由として,単元で学習した,水産物の輸送のしくみが挙げられているので,A評価である。

「②深まった問いの発見,探究」では,単元で学習した養殖業における赤潮の被害について知ったことを理由として,赤潮に対する対策について問いを立てている。したがってA評価とする。

「③価値分析,未来予測」では,単元で学習した水産業の就労人口の減少

について知ったことを理由として，「このままだったらわたしたちは水産物が食べられなくなるのではないか」という未来予測をして問いが立てられているのでA評価とする。

■5 おわりに

　本稿では，単元の終末に「新たな問い」を立てることで，単元の学習に対して主体的に学習に取り組めていたのかどうかの集大成を評価できるプランを提示した。このプランにおいて念頭に置くべき事項は，「単元の学習に主体的に取り組めていたからこそ，問いは生まれる」ということである。子どもが，「先生に言われて，しかたなく問いを立てた」という認識をもつようであれば，主体的な学習であったとは言えない。その場合は，それまでの単元のありようを改善する必要がある。

　また，「仮説を立てる」，「問いを立てる」ことは，一朝一夕にはできるようにならない。特に問いについては，はじめはどのようにして立てたらよいのかわからず，疑問があっても記述できない子どももいる。したがって，実践の中で繰り返し仮説や問いを立てる活動を取り入れ，子どもが立てた仮説や問いをその都度，教師と子どもで評価し，価値あるものをクラス全体で共有することを積み重ねる必要がある。

　最後に，子どもが単元の学習から「新たな問い」を立てるとき，それは新たな社会認識を形成しようとするときである。その問いは立てっぱなしにせず，家庭での自主学習で取り組ませることで，新たな学びのきっかけにさせる。

（菅原　雅史）

【註・引用・参考文献】
(1)文部科学省『小学校学習指導要領（平成29年告示）解説　社会編』2017
(2)大島泰文「社会科における主体的に学習に取り組む態度の評価方法の開発」『社会科教育研究』日本社会科教育学会，2020

4 「単元の終末」に「新たな問い」を発見する社会科授業＆評価プラン

1 社会科における「主体的に学習に取り組む態度」

　社会科の目的は，社会認識の形成と市民的資質の育成である。子どもは社会科授業で知識や社会事象を探究する方法を習得する。言い換えると「方法と内容の概念装置」の習得である。そして，子どもは，習得した「方法と内容の概念装置」を活用して新たな社会事象を探究したり未来予測・価値判断を行ったりしている。

　「方法と内容の概念装置」を習得した子どもは，自ら社会事象を探究できるようになる。つまり，自ら社会事象を見つめ，そこに「問い」を見つけ出すことができるようになるのである。そして，見つけた「問い」を自らの力で探究し，その「答え」を見つけ出す。これが「主体的に学習する態度」を身につけた子どもの姿である。

2 「新たな問い」の発見を組み込んだ社会科授業とは

　社会科授業では，「方法と内容の概念装置」が，使える装置として子どもに習得されているのかを検証することが必要である。

　米田豊は，概念的知識の応用について次のように述べている。

> 　習得した概念的知識は，他の社会事象に応用されることによってこそ，その幅が広がり，一人ひとりの自前の装置となる。[(1), p.52]

　概念的知識とは，社会事象の法則性（社会の一般法則）であり「内容の概念装置」である。また，他の社会事象に「内容の概念装置」を応用する際には，その探究過程で「方法の概念装置」が応用される。このような学習の中

で，子どもは習得した「方法と内容の概念装置」を実際に使い，検証の過程で習得した知識が確かであると証明したり，反証されて新たな知識を追加したりしながら，知識が精緻化されるのである。

つまり，単元計画の中に「方法と内容の概念装置」の習得の過程とともに「習得した方法と内容の概念装置」の応用の過程を組み込むことが「主体的に学習する態度」を身につけた子どもの育成につながるのである。

そこで，本稿では，「方法と内容の概念装置」の習得と応用を組み込んだ「新たな問い」の発見を評価する授業プランを提案する。

まず，「方法と内容の概念装置」の習得の過程は，米田の提唱する「分かる過程(2)」に依拠する。この「分かる過程」において，子どもは説明的知識を習得する。また，「分かる過程」では，複数の社会事象を探究し，その共通点を抽出し総合することで，社会事象の法則性を習得する。

「方法と内容の概念装置」の応用の過程では，新たな社会事象を提示し，その探究を通して社会事象の法則性を確認するとともに，「方法の概念装置」を習得する。

さらに，単元の終末において，これまで習得した知識についてまとめさせるとともに，「新たな問い」を発見させる時間を設定する。ここで子どもが発見した「新たな問い」を基に「主体的に学習に取り組む態度」の評価を行う。なお，子どもが発見した「新たな問い」は，今後の授業で取り扱ったり，家庭学習において探究させたりする。

■3 「単元の終末」に新たな問いを発見する社会科授業モデル

1 単元の目標

・検証に必要な資料を選択し，資料から必要な情報を読み取ることができる。また，日本のそれぞれの地域では，自然条件（気候と地理的位置，農作物の生育条件）と社会条件（輸送方法，需要と供給の関係，ブランド化）に適合した農作物を選択し生産していることが分かる。　　　　【知識，技能】

・生活経験やこれまでの学習で習得した知識及び資料から読み取った情報を比較，関連，総合，概念化して日本の農業のしくみ（自然条件および社会条件に適合した農作物を育てていること）について考えることができる。

【思考，判断，表現】

・日本では，なぜ，それぞれの地域でいろいろな農作物が作られているのかをこれまでに習得した知識や方法を活用して考えたり，新たな問いを発見したり探究したりすることができる。　【主体的に学習に取り組む態度】

② 単元計画

時	学習課題	目標	資料
1	【日本の農業の様子】 なぜ，日本では地域によって生産されている農作物が違うのだろう。 【沖縄県の菊作り】 なぜ，沖縄県は菊の生産がさかんなのだろう。	・これまでの経験や習得した知識から，日本では地域によって生産している農作物が違うことを知り，問いを設定することができる。 【主体的に学習に取り組む態度】 ・学習課題について，仮説を立てることができる。 【思考，判断，表現】 ・仮説を検証するために必要な資料を考え，収集，選択できる。 【知識，技能】	・日本地図 ・都道府県別農業産出額および生産農業所得（農林水産統計） ・菊の生産量（沖縄県農林水産部） ・菊栽培の写真
2	なぜ，沖縄県では12月から４月に菊を多く出荷しているのだろう。	・資料から読み取ったことを比較し，関連付けて沖縄県での菊の生産が増えている理由を考えることができる。 【思考，判断，表現】 ・沖縄県の冬の気温が菊の生育条件に適しているため12月から４月にさかんに出荷していることが分かる。 【知識，技能】	・沖縄県の輪菊の月別出荷量（大田市場） ・沖縄県の月別平均気温（気象庁） ・菊の生育条件（住友化学園芸） ・菊栽培の写真
3	なぜ，輸送費のかかる飛行機で菊を出荷することができるのだろう。	・沖縄県では冬のあたたかい気候を利用して菊を栽培することで，	・沖縄県の輪菊の月別出荷量

		生産にかかる費用をおさえている。また，菊が咲く時期を調節し，12月から4月の他の県が出荷しない時期に出荷することで利益を得ていることが分かる。【知識，技能】	・（太田市場） ・菊輸送用飛行機の写真 ・沖縄県の菊栽培の写真（平張り施設） ・愛知県の菊栽培の写真
4	【嬬恋村のキャベツ作り】 なぜ，嬬恋村では7月から10月にかけてキャベツを出荷しているのだろう。	・読み取った情報を比較，関連付けて，学習課題の解決について考えることができる。 【思考，判断，表現】 ・嬬恋村の自然条件がキャベツの生育条件に適しており，大都市と近いことや高速道路を利用してトラックで運んでいることから，キャベツ作りがさかんであることが分かる。 【知識，理解】	・キャベツの出荷量（農林水産省） ・嬬恋村の月別平均気温（気象庁） ・キャベツの生育条件（鹿児島県HP） ・幹線道路（東京都建設局）
5	【花や野菜作りの決まり】 日本の花や野菜の生産のしくみをまとめよう。	・習得した知識から共通点を見つけ，なかま分けすることで，花と野菜作りは自然条件と社会条件で成り立っていることを考えることができる。 【思考，判断，表現】 ・日本では，自然条件と社会条件に適合した農作物を選択し生産していることが分かる。 【知識，技能】	・これまでに使用したワークシート
6	【福岡県のイチゴづくり】 なぜ，福岡県はイチゴの生産が九州1位なのだろう。	・「花と野菜の生産のしくみ」を福岡県のイチゴづくりに適用して，仮説を設定することができる。 【主体的に学習に取り組む態度】 ・仮説の検証に必要な資料を考え，収集，選択できる。 【知識，技能】	・イチゴ（実物） ・「博多あまおう」の写真 ・イチゴの出荷量（農林統計）

7	なぜ，福岡県は他の県と出荷時期が重なっているのにイチゴを出荷しているのだろう。	・福岡市の気温とイチゴの生育条件が適合していることや，生育条件に適するように気温を調節していることをまとめることができる。 【思考，判断，表現】 ・イチゴの需要が高まる時期に合わせて，イチゴを出荷していることが分かる。 【知識，技能】	・福岡市の月別平均気温（気象庁HP） ・イチゴの生育条件（住友化学園芸） ・イチゴの月別平均価格（東京都中央卸売市場） ・家庭のケーキを買う割合（総務省統計局）
8	なぜ，イチゴを運ぶのにトラックと飛行機を使っているのだろう。	・用途によって運ぶ方法を選択していることが分かる。 【知識，技能】 ・ブランド化して，農作物の付加価値を高めていることが分かる。 【知識，技能】	・輸送トラック，航空機の写真 ・博多ブランド農産物とは（JA全農ふくれんHP）
9 （本時）	日本の農業のしくみをまとめよう。もっと調べたいことを考えよう。	・日本では，自然条件と社会条件に適合した農作物を選択し生産していることが分かる。 【知識，技能】 ・これまで習得した知識を根拠として，新たな問いを設定することができる。 【主体的に学習に取り組む態度】	・これまでに使用したワークシート ・これまでの授業の板書画像

3 本時の目標（第9時）

・日本では，自然条件と社会条件に適合した農作物を選択し生産していることが分かる。 【知識，技能】

・これまでに習得した知識を根拠として，新たな問いを設定することができる。 【主体的に学習に取り組む態度】

4 本時の授業仮説

| ★1 | ：習得した知識を想起させ，「もっと調べてみたいことはないか」と問いかけその根拠を含めて書かせることで，「新たな問い」の発見につなげることができるだろう。 |
| ★2 | ：友達の意見をワークシートに青色で書かせ，自分の考えと比較・関連付けさせることで，「新たな問い」を深めたり，新たな視点を獲得させたりできるだろう。 |

5 学習指導過程

学習活動	○発問　◎指示　◇確認 ・指導上の留意点	・予想される子どもの反応	＊資料 ◎評価
1．前時を振り返り本時の学習課題を確認する。	**本時の学習課題** 日本の農業のしくみをまとめよう。		
	○花と野菜作りの決まりをもう一度見直してみましょう。		＊これまでに使用したワークシート
2．共通点を抽出し，キーワードを関連付けて農業のしくみをまとめる。	◎付箋を渡し，付箋にキーワードを書かせ線でつながせる。 ・個人で考えた後に近くの人と話し合わせる。 ○まとめたこととその理由を発表しましょう。 ・どのキーワードをつなげ，どのようにまとめたのかを発表させる。	・「ブランド化」も新しく出てきたよ。 ・「出荷の時期」の意味が少し変わったね。 ・「気温」と「栽培ポイント」はつながるよ。 ・「運ぶ方法」は「もうける」につながるね。 ・買う人がほしいと思う時期に出荷することでもうけることができます。 ・ブランド化することでもうけることができます。	＊これまでの授業の板書画像 ◎日本では，自然条件と社会条件に適合した農作物を選択し生産しているこ

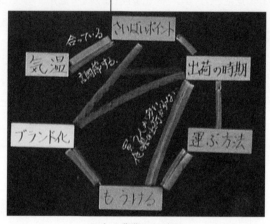

日本の農業のしくみ

3. さらに
調べてみ
たいこと
について
考える。

学習課題
もっと調べたいことを考えよう。

○もっと調べてみたいことはない
ですか。
○どうしてそのことについて調べ
てみたいと思ったのですか。
◎もっと調べてみたいこととその
根拠についてワークシートに書
かせる。 ★1
・調べたいこととその根拠をグル
ープ内，全体で発表させる。
・友達の発表を聞いてよいと思っ
たことや自分も調べてみたいと
思ったことは，ワークシートに
青色で書かせる。

・他の農作物にもきっと当てはま
るよね。
・沖永良部で作っているジャガイ
モについても調べてみたいな。
でも北海道でも作っているよね。
・これって，農業だけのことなの
かな。
・漁業も暖かいところや寒いとこ
ろでとれる魚や量は変わるのか
な。
・魚でもブランド化ってあるよね。
だからきっと当てはまるよ。
・この考えは僕の考えと似ている

＊ワーク
シート

◎これま
でに習
得した
知識を
根拠と

	○友達の意見と自分の考えを比べたりつなげたりして，もう一度調べてみたいことを考えましょう。 ★2	よ。 ・こんな考えもあるんだね。面白いなあ。 ・やってみたいなあ。 ・次はどんな学習をするのかな。	して，新たな問いを設定することができる。【主体的に学習に取り組む態度】
4．本時の学習を振り返る。	○みなさんがもっと調べたいと思ったら，これからの学習や家庭学習で取り組んでいきましょう。		

6 「主体的に学習に取り組む態度」の評価規準

表1 「主体的に学習に取り組む態度」の評価規準

評価	評価規準の具体
A	日本の農業のしくみを根拠として，「新たな社会事象への応用」「深まった問いの発見，探究」「価値分析・未来予測」に関わる「新たな問い」を立てることができる。
B	「新たな社会事象への応用」「深まった問いの発見，探究」「価値分析・未来予測」に関わる「新たな問い」を立てることができる。
C	「新たな社会事象への応用」「深まった問いの発見，探究」「価値分析・未来予測」に関わる「新たな問い」を立てることができない。

　この表1で示した評価規準を基に，子どもがワークシートに記入した問いとその根拠を照らし合わせて評価する。

　本単元における子どもの「新たな問い」の具体は次のようになる。

①「新たな社会事象への応用」

　「新たな社会事象への応用」は，これまで学習した知識を適用して，新たな社会事象を探究することである。その問いは「なぜ，宮崎県では，マンゴ

一作りがさかんなのだろうか」「北海道では，農作物を運ぶためにどのような工夫をしているのだろうか」「漁業にも，農業のしくみは当てはまるのだろうか」となる。

②「深まった問いの発見，探究」

「深まった問いの発見，探究」では，これまでに検証した社会事象について，習得した知識を活用して再び探究することである。その問いは，本単元においては，「沖縄県で生産する農作物も他の県と出荷の時期が重なっているものがあるのだろうか」「嬬恋村のキャベツもブランド化されているのだろうか」「沖縄県では，他にはどのような農作物を作ることができるだろうか」となる。

③「価値判断・未来予測」

「価値判断・未来予測」では，習得した知識を基に社会問題について考えることである。その問いは「働く人が減っている農業は，どのように変わっていくのだろうか」「沖縄県では，さとうきび作りと菊作りのどちらに力を入れていけばよいのだろうか」となる。

子どもが発見した「新たな問い」は，探究することに意味がある。今後の単元に関連する「新たな問い」ならば，その単元の学習に組み込む。そのほかの「問い」は，家庭学習や長期休業中の課題として探究させる。それが「主体的に学習に取り組む態度」の育成につながる。

4 おわりに

社会科では，社会事象の探究をとおして個別の説明的知識を習得する。そして習得した説明的知識を概念的知識（社会事象の法則性）へと高める。それを子ども一人ひとりが自らの力で行うことで「方法と内容の概念装置」を獲得する。

本稿では，農業についての学習をとおして，「方法と内容の概念装置」を

獲得する授業プランを提案した。この学習で「方法と内容の概念装置」を獲得した子どもは，これから学習する水産業や工業，情報産業の学習においても，自ら「問い」を設定し，仮説をもって自らの力で探究することができるようになる。このような学習をとおして，子どもの「方法と内容の概念装置」は精緻化され，より多くの社会事象を説明できるものとなる。

　つまり，習得した「方法と内容の概念装置」を活用して社会事象を探究する子どもの姿が，「主体的に学習に取り組む態度」が身についた子どもの姿である。

　ここで身につけた「主体的に学習に取り組む態度」は，社会科の学習だけにとどまらず，子どもがこれからの変化の激しい社会を生きぬくための力となるのである。

（佐々木　豊）

【註・引用・参考文献】――――――――――――――――――――――――――――
⑴米田豊「社会認識教育としての人権教育―「知識・体験・感性」を論点・争点にして―」田淵五十生編著『"人権"をめぐる論点・争点と授業づくり』明治図書，2006，p.52
⑵探究Ⅰ（分かる過程）については，次の文献に詳しい。
　・米田豊「『習得・活用・探究』の社会科授業づくりと評価問題」米田豊編著『「習得・活用・探究」の社会科授業＆評価問題プラン　小学校編』明治図書，2011，pp.7-21

5 未来志向の「新たな問い」を立てる 社会科授業＆評価プラン

·· 第4学年　くらしをささえる水

1 よりよい社会を考え学習したことを 社会生活に生かそうとする態度

　国立教育政策研究所が発行している『「指導と評価の一体化」のための学習評価に関する参考資料　小学校社会』では，「主体的に学習に取り組む態度」の評価規準として，「①社会的事象について，予想や学習計画を立て，学習を振り返ったり見直したりして，学習問題を追究・解決しようとしているか」「②よりよい社会を考え学習したことを社会生活に生かそうとしているか」（以下，「主体的に学習に取り組む態度②」）という学習状況を捉えるように作成することを求めている[(1)]。さらに，「主体的に学習に取り組む態度②」については，「それまでの学習成果を基に，生活のあり方やこれからの社会の発展について考えようとする学習状況を捉えるようにする」（下線：竹内）と説明している[(2)]。つまり，「主体に学習に取り組む態度②」を評価するには，単元で習得した知識を基に，よりよい社会を考えられるような学習活動を設定する必要がある。また，「主体的に学習に取り組む態度②」の評価は，「思考・判断・表現」との関連性をふまえるようにすることが指摘されているものの，具体的に示されていない。例えば，単元の終末に「地域の安全を守るために自分ができることを書く」という学習活動を設定し，子どもが「警察の人や地域の人が協力して交通事故を起こさないように取り組んでいるので，私も交通ルールを守ろうと思う」と記述をした場合，授業者は，どの観点で評価すればよいのか。規準の設定が困難となる。

　そこで，本稿では，米田豊の「探究Ⅰ・Ⅱの授業構成理論」[(3)]を基に，「主体的に学習に取り組む態度」と「知識・技能」「思考・判断・表現」の関連を示し，「よりよい社会を考え学習したことを生かそうとする態度」を育成する社会科授業と評価プランを提案する。

■2 未来予測につなげる「新たな問い」

　米田豊の「探究Ⅰ・Ⅱの授業構成理論」では，「探究Ⅰ」を「分かる過程」，「探究Ⅱ」を「考える過程」としている。「探究Ⅰ」で習得した説明的知識をもとに，「探究Ⅱ」で活用するという授業構成理論である。「探究Ⅱ」は，「①新たな社会事象への応用」「②深まった問いの発見，探究」「③価値分析・未来予測」に分けられる。①②では，新たな説明的知識や概念的知識の習得がめざされ，③では，習得した説明的知識を基に価値判断や未来予測が行われる。探究Ⅰの後に，子どもが未来志向の問いを立て，その問いに対する答えを導き出す活動を設定することは，「学習したことを基に，生活のあり方やこれからの社会の発展について考えようとする」ことにつながる。

　子どもは，探究Ⅰにおいて，学習対象となる社会のしくみについての認識を形成している。そこに，教師の振り返り発問により，価値判断や未来予測につながる問いを発見させる。この手立てにより，子どもは探究Ⅰから主体性を保ったまま探究Ⅱへ移行できる。そして，探究Ⅱにおいて自ら立てた問いに対して，考えたことを表現するようにする。このように，「主体的に学習に取り組む態度」を媒介として，「知識，技能」「思考，判断，表現」のそれぞれを峻別しながら育成することができる。このことを表すと図1になる。

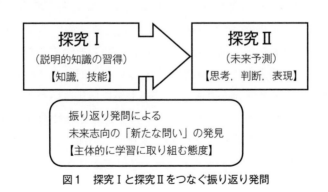

図1　探究Ⅰと探究Ⅱをつなぐ振り返り発問

①未来予測につなげる「振り返り発問」

　それでは，探究Ⅰの後に子どもが未来志向の問いを立てるためには，どうすればよいだろう。子どもは，探究Ⅰを通して該当単元の社会のしくみについて理解している。単に，「単元の学習をとおして，新たにどのような問いが生まれたか」という振り返り発問では，子どもの問いは「①新たな社会事象への応用」「②深まった問いの発見，探究」「③価値分析・未来予測」に拡散する。子どもが未来予測につなげる問いを立てられるようにするには，振り返り発問を工夫する必要がある。

　プロファシリテーターの安斎勇樹は「問いの設定によって，導かれる答えは変わりうる」[4]とし，企業の製品開発においてよりよい製品を考えるための問いを設定する方法として，「身の回りのプロダクトの歴史の変遷をたどりながら，その背後にどのような問いがあったかを想像してみる」[5]ことが問いをデザインする力を鍛えるための訓練になると述べている。

　子どもが未来志向の問いを立てられるようにするには，時間軸を意識する必要がある。そこで，振り返り発問を行う前に，該当単元の社会事象に関わる過去の様子をあげる。「よりよい社会を考え学習したことを社会生活に生かそうとしているか」の「よりよい社会」とは，「現代よりよい社会」のことである。「現代よりよい社会」を考えるようにするためには，現代の社会が，過去からどのように変わってきたのかを捉える必要がある。「過去よりよい社会」になったのが，「現代の社会」と捉え直すのである。過去と現代を比較することを通して，過去の人々が現代の社会をつくるために，どのような問いを立て，解決してきたのかを考える。その問いを考えることが，未来志向の問いを立てる手がかりとなる。過去から現代にいたるまで，どのような問いが立てられてきたかを考えたのち，「よりよい社会を考えるためには，どのような問いを立てればよいか。なぜ，その問いを立てたのか」という振り返り発問を行う。このようにして，「現代よりよい社会」＝「未来の社会」を考えるための問いを子どもたちが立てることができるようになる（図2）。

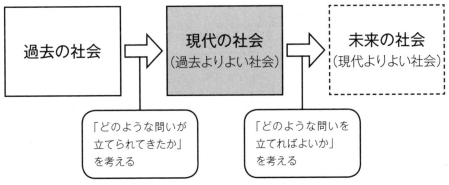

図2　未来志向の「新たな問い」を立てる授業構成

②未来志向の「新たな問い」の評価

　未来志向の「新たな問い」の評価規準を表1のように設定する。

表1　主体的に学習に取り組む態度【振り返り②】の評価規準

評価	評価規準の具体
A	未来志向の問いを立て，単元で習得した知識を根拠にして，問いを立てた理由を記述している。
B	未来志向の問いを立てている。
C	A，Bの基準を満たす内容を記述していない。

　「〜するには，どうすればよいだろう」「これから〜何ができるだろう」というような未来志向の問いを立てることができていればB評価とする。B評価に加え，問いの設定の理由に，本単元で習得した知識を根拠として挙げていることができていればA評価とする。問いを立てることができなければC評価とする。また，たとえ問いを立てることができていたとしても，その答えが概念的知識や新たな説明的知識の習得をめざした「①新たな社会事象への応用」「②深まった問いの発見，探究」に該当するものも，本単元の目標に即していないためC評価とする。

■3 未来志向の「新たな問い」を立てる社会科授業プラン

1 単元計画

時	○本時の主な問い	目標【観点】
1	○毎日使っている水について話し合おう。	自分たちが使っている水について関心をもち，単元を貫く学習課題に対して予想を立てることができる。 【主体的に学習に取り組む態度】
	単元を貫く学習課題 なぜ，わたしたちは毎日，安全な水をたくさん使うことができているのだろう。	
2	○蛇口から出る水は，どこから送られてくるのだろう。	蛇口から出る水は，浄水場から配水池をへて各家庭に送られていることを理解することができる。【知識】
3	○安全な水はどのようにしてつくられているのだろう。	浄水場では，24時間体制で川から取水した水をもとにろ過，消毒，検査をして安全な水をつくっていることを理解することができる。 【知識】
4	○浄水場でつくられた安全な水はどうやって送られてくるのだろう。	浄水場から各家庭へ安全を保ったまま水を送るために，取水口や市中で毎日水質検査をしたり，計画的に水道管を点検・取り換えたりしていることを理解することができる。【知識】
5	○わたしたちが使った水はどうなるのだろう。	使用した水や雨水は，下水処理場で適切に処理され，川や海に放流していることを理解することができる。【知識】
6	○水が使えなくならないようにするために，どのような取組がされているのだろう。	水不足にならないようにするために，ダムを建設したり，水源である森林を保全したりしていることを理解することができる。 【知識】
7 (本時)	○学習問題についてまとめ，これからの水環境について考えよう。	わたしたちは，上下水道のしくみやそれに携わる人々の取組，自然環境の支えによって，毎日安全な水を使えることを理解することができる。【知識】 単元の学習を通して，分かったことをふまえ，よりよい水環境を考えるための問いを作ることができる。 【主体的に学習に取り組む態度】

8	○これからの水環境についてどんなことを考えていけばよいだろう。	よりよい水環境を考えるための問いについて，習得した知識をもとに考えたことを表現することができる。【思考・判断・表現】

　第1時から第7時までが，探究Ⅰである。第1時で，単元を貫く学習課題を設定し，第2時から第6時において，配水池と浄水場の役割，浄水場での取組，送水のしくみ，下水場のしくみ，ダムの建設や森林保全の社会的意味について認識を形成していく。この計画では，各時間の目標を知識に焦点を当てたものになっている。第3時で，浄水場を見学する活動を位置付ければ，「安全な水をつくる浄水場のしくみについて，見学して分かったことをまとめることができる」というような技能に関する目標が設定される。また，第5時で下水場について扱っている。本来であれば，下水場は「廃棄物を処理する事業」として扱う内容である。しかし，子どもが「自分たちが使った水がどうなるのか」という問いをもつのは自然なことであることや，未来の水環境を考えるためにも下水の視点をもつのは必要であるという考えから単元計画に位置付けた。

2 本時（第7時）の目標

・わたしたちは，上下水道のしくみやそれに携わる人々の取組，自然の水環境の支えによって，毎日安全な水を使えることを理解することができる。

【知識，技能】

・単元の学習をとおして，分かったことをふまえ，よりよい水環境を考えるための問いを立てることができる。　　　【主体的に学習に取り組む態度】

3 本時の授業仮説

　過去の水環境の様子を基に，現代の水環境に関する問いについて考える活動を位置付けることで，よりよい水環境を考えるための未来志向の問いを立てることができるだろう。

4 学習指導過程

学習活動	○発問　◎指示　◇確認 ・指導上の留意点	・予想される子どもの反応	＊資料 ◎評価
1．これまでの学習を振り返り，単元をつらぬく学習課題に答える。	○単元を貫く学習課題の解を導きましょう。	・浄水場で安全な水をたくさん作っていた。 ・水道管の点検を行い，安全を保ったまま水を送るようにしていた。 ・水不足にならないように，ダムが作られていた。 ・森林を守ることで，川に豊かな水をもたらしていた。	◎振り返り【知識，技能】
2．過去の水環境の様子について話し合う。	○過去の水環境はどのような様子だったのでしょう。 ・過去の水環境について知ることで，現在のしくみの価値を捉え直せるようにする。	・昔は，井戸で水をくんでいたと思う。 ・今のような上下水道のしくみや，森林を守る取り組みが行われることによって，衛生的な生活が送られるようになってきたのだな。	＊動画 昔の水汲み 昔の下水処理
3．過去から現代にかけてどのような問いが立てられてきたかを考える。	○昔と比べて，今の水環境はよくなったことが分かりました。過去から現代にかけてどんな問いが立てられ，解決されてきたのでしょう。	・どのようにすれば，安全な水を作ることができるだろう。 ・汚れた水をきれいにするには，どうすればよいだろう。 ・水不足にならないようにするにはどうすればよいだろう。	
4．「新たな問い」を立てる。	○よりよい水環境を考えるための問いを考えましょう。また，その問いを立てた理由を書きまし	・これからも安全な水を使い続けるために，私たちができることは何だろう。	◎新たな問い【主体

| | | | |
| | よう。 | | |

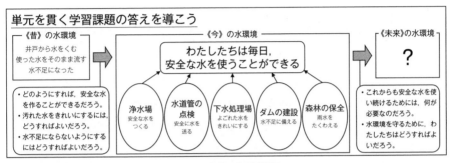

図3　本時の板書計画

　本時では，まず，単元を貫く学習課題「なぜ，わたしたちは毎日，安全な水をたくさん使うことができているのだろう」に対する答えを導く。子どもは，第2時から第6時までに習得した知識をまとめていく。「浄水場」「ダムの建設」などが，「わたしたちは毎日，安全な水を使うことができる」ことと，どのように関連付けるのかを整理していく。ここでは，クラゲチャートを活用することで，因果関係を捉えられるようにする。「なぜ疑問」に対する解を導くことになるので，ここでは，「知識・技能」として評価する。次に，昔の水汲みの様子や下水処理の様子に関する動画を視聴することをとおして，過去の水環境の様子について知らせる。過去の水環境と現在の水環境を比較することによって，子どもは，現在の水環境の価値を改めて気付くことができるようになる。そして，「過去から現在にかけて，どのような問いが立てられ，解決されてきたのか」について考えさせることで，時間軸を意識し，過去の人々の問題解決の過程を学び，未来志向の問いを立てるための手がかりを得ることができる。最後に，「今よりよい水環境を考えるための問いを考えよう」という振り返り発問により，視点を未来へ移行させる。その際，その問いを立てた理由を記述させることで，単元で習得した知識を活

用しているかを見取ることができる。このようにして，子どもは単元を通して習得した知識を起点として，未来志向の問いを立てることができる。ここで立てられた問いを「主体的に学習に取り組む態度」として評価する。

■4 未来志向の「新たな問い」を立てる社会科授業の評価

本時の「知識・技能」の評価規準を表2に，「主体的に学習に取り組む態度」の評価規準を表3に示す。

表2　本時の「知識・技能」の評価規準

評価	評価規準の具体
A	わたしたちが毎日安全な水を使える理由を，「浄水場の仕組み」「配水の仕組み」「下水処理の仕組み」「ダムの建設」「森林の保全」の視点のうち，4～5つを選んでクラゲチャートに表している。
B	わたしたちが毎日安全な水を使える理由を，「浄水場の仕組み」「配水の仕組み」「下水処理の仕組み」「ダムの建設」「森林の保全」の視点のうち，2～3つを選んでクラゲチャートに表している。
C	A，Bの規準を満たしていない。

表3　本時の「主体的に取り組む態度」の評価規準

評価	評価規準の具体
A	よりよい水環境を考えるための問いを設定し，問いを立てた理由について単元で習得した知識を根拠に示している。 【例】これからも安全な水を使い続けるために，私にできることは何だろう。 （理由）安全な水は浄水場の人をはじめ，多くの人の取組によって作られ送られていることが分かった。これからも今の状態を続けるために，自分にできることを考える必要があるから。
B	よりよい水環境を考えるための問いを設定している。
C	A，Bの規準を満たしていない。

■5 探究Ⅱの授業展開例

　第8時では，「探究Ⅱ」を展開する。第7時で立てた自分の問いと仲間の問いを比較し，「よりよい水環境を考えるための問い」について吟味する。この過程を経て選ばれた問いについて，習得した知識を活用して考えたことを表現する活動を位置付ける。

　例えば，「これからも安全な水を使い続けるために，わたしたちにできることは何だろう」という未来志向の問いが学級の問題として選ばれた場合，その解決策について，個人ができることを話し合う活動が考えられる。話し合いを通して，よりよい水環境をつくるために，各個人がどのような行動をすればよいかを考える。個人の「森林に行ったらごみを拾う」や「水を無駄に使わないようにする」という行動を，水環境における森林保全の役割や浄水場・下水場のしくみと結び付けられるようにする。ここでは，社会への関わり方について選択，判断することになるので，評価は「思考，判断，表現」となる。

　このように，未来志向の「新たな問い」を探究Ⅰと探究Ⅱをつなぐための媒介として位置付けることにより，主体的に学習に取り組む態度「②よりよい社会を考え学習したことを社会生活に生かそうとしているか」を育成し評価することができる。

（竹内　哲宏）

【註・引用・参考文献】
(1)国立教育政策研究所教育課程研究センター『「指導と評価の一体化」のための学習評価に関する参考資料【小学校　社会】』2020
(2)前掲書(1)
(3)探究Ⅰ・Ⅱの授業構成理論については，次の文献に詳しい。
　・米田豊「『習得・活用・探究』の社会科授業づくりと評価問題」米田豊編著『「習得・活用・探究」の社会科授業＆評価問題プラン　小学校編』明治図書，2011，pp.7-21
(4)安斎勇樹「1章　問いのデザインとは何か」安斎勇樹・塩瀬隆之『問いのデザイン　創造的対話のファシリテーション』学芸出版社，2020，p.19
(5)前掲書(4)，p.20

おわりに―継続的な研究は山を動かす―

　「授業づくりをいっしょにしない研究会とはつきあわない」と心に決めて，母校に大学教員として職を得て間もないとき，伊丹市を中心に開催された近畿中学校社会科教育研究会で講演する機会があった。講演の後，当時西宮市教育委員会の指導主事であった乾公人先生が小生を呼び止めた。これが西宮市小学校社会科教育研究会との出会いである。

　時は流れた。乾先生は係長，教頭，課長，校長を歴任され，現在（2021年）西宮市社会科教育研究会の会長である。この間，先頭に立って研究会を導いてこられた。前回の阪神小学校社会科教育研究会が生瀬小学校であったとき，講演の最後に「今研究会の火は大きく燃え上がっている。ほっとして研究をやめてしまうことは簡単である。この火を消さず，研究の灯をかかげ続けてほしい。次の阪神大会を楽しみにしている」と語りかけた。

　先日，乾先生は，この言葉が先生方の脳髄にしまわれて，研究の灯を消さずここまで来られたと言われた。そのとおり毎年研究会は継続された。事前検討会，事後検討会も充実してきた。学校が終わったあと，先生方の車は，中国道を西に進み兵庫教育大学に至る。「授業づくりをいっしょにしない研究会とはつきあわない」が実践できた。その回数は数え切れない。小生のゼミに内地留学する人も現れた。これも乾先生の作戦である。人を育てる校長である。

　2021年11月開催の阪神大会では，学校教育現場の大きな課題に挑戦しようと，社会科教育研究で成果の出ていない評価研究，とりわけ「主体的に学習に取り組む態度」を研究テーマとした。

　本書は，これまで少しずつ積み上げてきた取組の上に成立している。継続的な取組は山を動かした。今回は，修了後も研究を継続しているゼミ修了生にも参加いただいた。感謝に堪えない。本書には多くの課題が残されていると考えている。先生方のご意見をお待ちしています。　今回も，及川誠様に大変お世話になった。心から感謝申し上げます。

米田　豊

【執筆者一覧】

米田　　豊　　兵庫教育大学（名誉教授）

浅野　光俊　　岐阜県海津市立高須小学校

植田真夕子　　津島市教育委員会

橋口　龍太　　兵庫県西宮市立上甲子園小学校

戸田　征男　　伊丹市教育委員会

村田　真吾　　兵庫県西宮市立上ヶ原南小学校

坪井　陽佑　　兵庫県西宮市立春風小学校

関灘　琢司　　兵庫県西宮市立北六甲台小学校

長川　智彦　　神戸大学附属小学校

松浪　軌道　　兵庫県西宮市立名塩小学校

大島　泰文　　鳥取市教育委員会

西岡　健児　　西宮市教育委員会

菅原　雅史　　兵庫県西宮市立広田小学校

佐々木　豊　　鹿児島県和泊町立内城小学校

竹内　哲宏　　兵庫県姫路市立白鷺小中学校

【編著者紹介】
米田　豊（こめだ　ゆたか）
1955年12月生まれ。
小，中学校教諭，奈良県教育委員会，橿原市教育委員会指導主事を経て，2006年より兵庫教育大学大学院教授。授業実践開発コース長，教育実践高度化専攻長，副学長，理事・副学長，2021年4月より兵庫教育大学名誉教授。

【主な編著書】
『「言語力」をつける社会科授業モデル　小学校編』（2008）
『「言語力」をつける社会科授業モデル　中学校編』（2009）
『中学校社会科「新教材」授業設計プラン』（2009）
『「習得・活用・探究」の社会科授業＆評価問題プラン　小学校編』（2011）
『活動あって学びあり！　小学校社会科アクティブ・ラーニング　21の授業プラン』（2016）
（以上明治図書，他多数）

「主体的に学習に取り組む態度」を育てる
社会科授業づくりと評価

2021年12月初版第1刷刊　ⓒ編著者　米　田　　　豊
2022年11月初版第2刷刊　発行者　藤　原　光　政
発行所　明治図書出版株式会社
http://www.meijitosho.co.jp
（企画）及川　誠（校正）杉浦佐和子
〒114-0023　東京都北区滝野川7-46-1
振替00160-5-151318　電話03（5907）6703
ご注文窓口　電話03（5907）6668

＊検印省略　　　　　組版所　中　央　美　版

Printed in Japan　　　　　　　ISBN978-4-18-313455-4
もれなくクーポンがもらえる！読者アンケートはこちらから

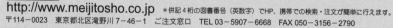

主体的・対話的で深い学びを創る 中学社会科授業モデル

河原 和之 編著

逆転現象を生む!すべての生徒が主人公になれる魅力的な授業ネタ

100万人が受けたい!主体的・対話的で深い学びを実現する珠玉の授業モデル集。ワクワク感があるネタは意欲を生み、見方・考え方を鍛えます。身近なことを取り上げた魅力的な教材で作る、すべての生徒が主人公になれる授業づくりのノウハウが満載の1冊です。

A5判 160頁
定価 2,090円 (10%税込)
図書番号 2960

主体的・対話的で深い学びを実現する! 社会科 授業ワーク大全

3・4年 5年 6年

朝倉 一民 著

授業にも自主学習にも使える!重要語句が身につく社会科ワーク

大好評の「板書&展開例でよくわかる社会科授業づくりの教科書」シリーズの姉妹編ワーク。各学年の単元別の学習内容・重要語句をコンパクトにまとめた問題ワーク&解答シートで、学習用語が正しく身につきます。授業まとめにも自主学習にも使えるワーク決定版。

B5判 136頁
定価3,080〜3,190円 (10%税込)
図書番号 3334, 3335, 3336

子どもと社会をつなげる! 見方・考え方 を鍛える 社会科授業デザイン

峯 明秀・唐木 清志 編著

感動と体験で「見方・考え方」を鍛える!授業づくりのバイブル

「見方・考え方」を鍛える社会科授業づくりとは?教材づくりから、「主体的・対話的で深い学び」を実現する学びの過程、子どもの育ちをとらえる評価の工夫までを豊富な授業モデルで解説。「社会にどうかかわるか」を感動と体験で身につける授業づくりのバイブルです。

A5判 128頁
定価 1,540円 (10%税込)
図書番号 3261

空間認識力を育てる! おもしろ 「地図」授業スキル 60

寺本 潔 著

地図から世界が見える!学年別・単元別でわかる授業スキル60選

地図からはじまる社会科づくりを!地図帳活用がはじまる3年生から「地図の見方」「活用スキル」をどのように育むのか。産業や国際情勢、歴史の学習もリアルに魅せるおもしろ授業スキル&モデルを学年別に約60項目、それぞれ見開き構成でわかりやすく解説しました。

A5判 136頁
定価 1,980円 (10%税込)
図書番号 2909

明治図書　携帯・スマートフォンからは **明治図書 ONLINE へ** 書籍の検索、注文ができます。▶▶▶

http://www.meijitosho.co.jp　＊併記4桁の図書番号（英数字）でHP、携帯での検索・注文が簡単に行えます。

〒114-0023　東京都北区滝野川7-46-1　ご注文窓口　TEL 03-5907-6668　FAX 050-3156-2790

「主体的に学習に
　　取り組む態度」
　　　　　を育てる
社会科
授業づくりと
評価